Edimburgo

Ediciones Gaesa

Esta guía ha sido elaborada por:

GUÍAS AZULES DE ESPAÑA

Texto MANUEL MONREAL IGLESIA

Forotgrafía Archivo Guías Azules de España

Maquetación Victor Seguí Belloso

Cartografía Víctor Seguí

Diseño de Portada: Joaquín González Dorao

Antonio Maura, 18. 28014 MADRID
Correo electrónico: gaesa@guiasazules.e.telefonica.net
www.guiazuldeltrotamundos.es

ISBN: 978-84-15847-77-9
Depósito Legal: M-385-2014

INTRODUCCIÓN

Edimburgo, la capital de Escocia, es una de las ciudades más bonitas de Europa. Está emplazada en la región de Lothian, en la orilla meridional del estuario del Forth, sobre un terreno rocoso ocupado por un conjunto de antiguos volcanes extinguidos. Sobre uno de estos promontorios volcánicos, dominando desde su estratégica posición una vasta extensión, surge el castillo, escenario de numerosos acontecimientos históricos y símbolo de poder. La ciudad medieval, denominada *Old Town*, se asienta sobre la colina de Castle Rock y a lo largo de un eje longitudinal que une la fortaleza con el palacio de Holyrood, en sentido oeste-este. Sus calles, estrechas y tortuosas, conservan plenamente su antiguo sabor. El clasicismo de New Town, el núcleo de expansión situado al norte, se expresa en el armónico trazado de elegantes residencias georgianas. Desde finales del siglo XVIII hasta mediados de la centuria siguiente, los arquitectos volvieron sus ojos a la antigüedad -especialmente al modelo griego-, e hicieron de ella fuente de inspiración para una de las reformas urbanísticas más interesantes de la Europa del momento. La colina de Calton Hill parece resumir esa vocación clásica y, con evidente teatralidad, se convierte en remedo de la Acrópolis ateniense. Más allá de New Town se extiende el barrio portuario de Leith, zona industrial que se unió a Edimburgo en los años veinte de nuestro siglo y que en la actualidad concentra un buen número de restaurantes, bistros y pubs que la convierten en uno de los principales focos de expansión de la ciudad.

Aparte de su belleza, Edimburgo constituye un centro cultural de primer orden. Es sede de numerosos museos, galerías de arte, varios centros universitarios y acoge cada año uno de los más importantes eventos culturales del mundo, el Festival Internacional.

INFORMACIÓN PRÁCTICA

SALAS DE CONCIERTOS

EDINBURGH AND SCOTLAND TOURIST INFORMATION CENTRE: 3 Princes Street. Waverley Centre. ☎ 0845 225 51 21. Horario: abril y octubre, lunes a sábado, de 9.00 a 18.00; mayo, junio y septiembre, hasta las 19.00; domingo, de 10.00 a 19.00; julio y agosto, lunes a sábado, de 9.00 a 22.00; domingo, desde las 10.00; de noviembre a marzo, lunes a sábado, de 9.00 a 18.00; domingo, de 10.00 a 20.00. Información sobre la ciudad, Escocia en general, alojamientos y transportes. También se venden toda clase de libros y cosas típicas escocesas.

VISITSCOTLAND AND AIRPORT INFORMATION CENTRE: Edinburgh International Airport. ☎ 0870 040 0007. Horario: abril-octubre, de 6.30 a 22.30; noviembre-marzo, de 7.00 a 21.00.

VISITAS GUIADAS

Como en la mayor parte de ciudades, varios servicios de autobuses descubiertos recorren los principales lugares de interés del centro. Parten desde Waverley Station y los viajeros pueden descender y volver a subirse al autobús en cualquiera de las paradas.

EDINBURGH BUS TOURS: ☎ 220 0770, www.edinburghtour.com. Recorridos guiados por la ciudad.

CITY SIGHTSEEING: ☎ 0131 220 07 70.

MAC TOURS: ☎ 0131 556 22 44.

DATOS PRÁCTICOS

OFICINAS DE TURISMO EN ESPAÑA

No existe ya una Oficina de Turismo como tal en nuestro país. Toda la información está centrada en la web www.visitscotland.es y www.visitbritain.es. VisitBritain, registrada como British Tourist Authority, es el organismo oficial encargado de promocionar Gran Bretaña como destino turístico.

EMBAJADA DE GRAN BRETAÑA EN ESPAÑA: Torre Espacio. Paseo de la Castellana 259D. ☎ 91 714 6300. Fax: 91 714 63 01. Madrid.

REQUISITOS DE ENTRADA

En los puertos y aeropuertos de Escocia existen dos clases de puestos de control. Los ciudadanos de la Unión Europea deben encaminarse por el señalado con un símbolo azul, sin obligación alguna de declarar nada, y sólo deben mostrar el DNI o el pasaporte. Los viajeros no pertenecientes a la UE deben pasar por uno de los dos puestos pintados en verde, en el que está escrito Nothing to declare (Nada que declarar) y el otro, en color rojo, con la inscripción Goods to declare (objetos que declarar). No se puede introducir producto alguno confeccionado en piel de reptil o marfil. Tampoco se puede llevar armas o municiones ni drogas sujetas a control.

DESPLAZAMIENTOS DESDE EL AEROPUERTO AL CENTRO

AEROPUERTO DE EDIMBURGO: Turnhouse. ☎ 0844 481 8989/ www.edinburghairport.com. 11 km al oeste del centro, a unos 25 minutos en coche desde Princes Street. Autobuses desde Waverley Station. El aeropuerto está muy bien comunicado con la ciudad mediante los autobuses: *Airlink bus* (www.flybybus.com), un servicio continuo que parte del aeropuerto, del *stand 19*, cada 15 minutos desde las 4.50 am hasta las 6.50 am, y cada 10 minutos a partir de esa hora hasta las 00.22. El precio ronda las 4 libras por trayecto y 6 libras ida y vuelta. El autobus va haciendo diferentes paradas en sus recorrido que el conductor anuncia por el microfono. Las paradas son *Maybury, Drum Brae, Edinburgh Zoo, Murrayfield, the Haymarket, the West End* y *Waverley Bridge*. Fuera de ese horario se puede coger el autobús N22 que va cada 30 minutos desde el aeropuerto hasta Waverley Station. Para ir desde la ciudad hasta el aeropuerto los autobuses *Airlink bus,* salen de Waverley Bridge cada 15 minutos desde las 4.20 am hasta las 6.05 am, y cada 10 minutos hasta las 11.45 pm. El autobús va hacieno paradas a lo largo de su recorrido. El autobús N22, sale de Waverley Steps cada hora y 15 minutos o hora y 45 minutos. Un taxi que hiciera el trayecto al aeropuerto tardaría unos 25 minutos y costaría unas 25 libras aproximadamente.

MOVERSE POR EDIMBURGO

Edimburgo no es una ciudad grande, lo ideal es visitarla a pie, ya que sus principales puntos de interés se concentran en un área relativamente limitada.

AUTOBUSES URBANOS

Lothian Regional Transport (☎ 555 6363, www.lothianbuses.com) es la principal compañía de autobuses urbanos. Gran parte de las líneas finalizan en Princes Street, que es la principal vía de Edimburgo, o en sus inmediaciones. En las paradas se indican los horarios y se pueden comprar los billetes en unas maquinas expendedoras. Es obligatorio subir con el billete o con el dinero exacto ya que el conductor no facilita el cambio. Existe un billete ilimitado para todo el día *Dayticket* que cuesta unas 3,5 libras y que no incluye el transporte al aeropuerto. Para periodos más largos se puede comprar la tarjeta *Ridacard* que cuesta unas 17 libras a la semana y permite viajar ilimitadamente. Se puede comprar en *Lothian Buses Travelshops:* 27 Hanover Street y en 7 Shandwick Place de 8.15 h a 18.00 h de lunes a sábados. Hay autobuses nocturnos cada hora aproximadamente desde la medianoche, más información en www.nightbuses.com.

Otra compañía de autobuses que recorre la ciudad es **First Group** (☎ 0871 200 2233, www.firstgroup.co.uk) . Tienen diferentes billetes y no valen los abonos de la otra compañía.

TAXIS

La mayoría de los taxis de Edinburgo son cabs negros como los de Londres en los que caben cinco pasajeros. La mayoría de los taxis no aceptan tarjetas de crédito.

COMPUTER CABS. ☎ 272 8000, www.comcab-edinburgh.co.uk.

CENTRAL RADIO TAXIS: ☎ 0131 229 24 68. www.taxis-edinburgh.co.uk.

CITY CABS: ☎ 0131 228 12 11. www.citycabs.co.uk.

CAPITAL TAXIS: ☎ 0131 228 25 55.

ESTACIÓN DE AUTOBUSES

ST ANDREW SQUARE BUS STATION: St Andrew Square. ☎ 131 5556 363, 131 2253 858. Todos los autobuses salen y llegan a esta estación. Más información en Traveline (☎ 0871 200 22 33; www.travelinescotland.com). Las empresas principales que comunican Escocia y el resto del país son **Scottish CitylinK** (☎ 0990 50 50 50 www.citylink.co.uk) y **National Express** (☎ 0990 80 80 80 www.nationalexpress.com). Megabus (www.megabus.com).

ESTACIÓN DE TREN DE WAVERLEY: Waverley Bridge, New Town al este de Princes Street. ☎ 0845 748 49 50. www.nationalrail.co.uk. La estación principal de la ciudad.

ESTACIÓN DE TREN DE HAYMARKET: West Maitland Street. Haymarket. ☎ 0845 748 49 50.

ALQUILER DE AUTOMÓVILES

ARNOLD CLARK: 20 Seafield Road East. ☎ 0131 228 47 47.
AVIS: West Park Place. ☎ 0870 153 91 03.
BUDGET: 110 Glasgow Road. ☎ 0131 334 68 75.
EUROPCAR: 24 East London Street. ☎ 0131 557 34 56.
HERTZ: 10 Picardy Place. ☎ 0870 884 88 44.

ALQUILER DE BICICLETAS

EDIMBURGH CYCLE HIRE: 29 Blackfriars Street. ☎ 0131 556 55 60.

BIKETRAX:11 Lochrin Place. ☎ 0131 228 66 33.

CAMBIO DE MONEDA

Hay que advertir que la libra esterlina sale siempre mucho más barata si se compra en España, así que cambiad vuestros euros aquí antes de partir. Los bancos abren al público a las 9.30 h y cierran a las 15.30 h de lunes a viernes, aunque hay algunas sucursales del centro que permanecen abiertas los sábados. También se puede cambiar dinero en el aeropuerto. Las agencias de viaje, los grandes almacenes y los hoteles pueden servir para casos de urgencia, pero hay que tener en cuenta que el cambio será siempre muy desventajoso respecto al de los bancos.

ASISTENCIA MÉDICA

ROYAL INFIRMARY: Little France Crescent. Old Dalkeith Road. ☎ 0131 536 10 00. Asistencia las 24 h.

EDIMBURGO IMPRESCINDIBLE

1- EDIMBURGH CASTLE: Emplazado sobre la colina de Castle Rock, la dominante silueta del castillo constituye la principal referencia del paisaje urbano de Edimburgo.

2- ROYAL MILE: La arteria principal del casco antiguo, está formada, por la unión de cuatro vías que descienden en pendiente desde el castillo hasta el palacio y la abadía de Holyrood:. La Royal Mile presenta una estructura uniforme, especialmente en su parte más cercana al castillo: casas de varios pisos, denominadas *lands*, quedan separadas entre sí por pasajes (*lanes*) que conducen a pintorescos y sombríos *courts*. Estos patios, a veces comunicados entre sí, fueron la morada de ilustres personajes o simples ciudadanos.

3- ST GILES CHURCH: Es la única iglesia medieval de Edimburgo, es un templo gótico, cuya apariencia exterior, no obstante, es fruto de una reforma llevada a cabo a principios del XIX. La remodelación afectó igualmente al interior de la catedral, con la incorporación de numerosos monumentos funerarios que hicieron de este recinto sagrado una suerte de panteón nacional.

4- SCOTCH WHISKY HERITAGE CENTER: Una visita guiada permite, a través de montajes audiovisuales y una serie de cuadros vivientes, una completa información acerca de los diferentes aspectos relacionados con la bebida nacional. Las distintas técnicas de elaboración, la maqueta de una destilería, una exhibición de un mezclador de whisky y un amplio muestrario de marcas –con posibilidad de degustación y compra– constituyen sus principales atracciones.

5- FESTIVAL DE EDIMBURGO: Pone en escena todos los meses de agosto, durante tres semanas, más de mil espectáculos interpretados por prestigiosas compañías internacionales. Es la mejor época de la ciudad. A la sombra del festival oficial, las calles se llenan de actuaciones de mimos, teatro, música, circo y otras manifestaciones artísticas de carácter experimental.

6- PRINCES STREET: Una avenida de aproximadamente un kilómetro y medio de longitud que es la principal calle comercial de la ciudad. La mejor panorámica del castillo y la vieja ciudad de Edimburgo se obtiene desde Princes Street,

7- PRINCES STREET GARDENS: . En 1876 se abrieron al público Los jardines se sitúan a lo largo de la parte sur de la Princes Street sumando un total de 34.000 m² (8'5 acres). Desarrollan un papel principal en la vida de la ciudad como punto de reunión y descanso. Suele albergar los conciertos de música que se celebran a lo largo del año.

8- SCOTT MONUMENT: Una referencia esencial de Princes Street. El templete, diseñado por George Meikle Kemp, está rematado con un pináculo de apariencia aérea, gracias a su estructura calada, y constituye un buen ejemplo del medievalismo pintoresco del siglo XIX

9- ROYAL SCOTTISH ACADEMY: La arquitectura del edificio imita un templo dórico de sólida apariencia. Es utilizado, sobre todo en verano, como sede de diversas exposiciones.

10- NATIONAL GALLERY OF SCOTLAND: es el Museo Nacional de Escocia, ofrece una amplia muestra de las principales escuelas pictóricas europeas, así como un interesante colección de escultura, desde el Renacimiento hasta la época postimpresionista.

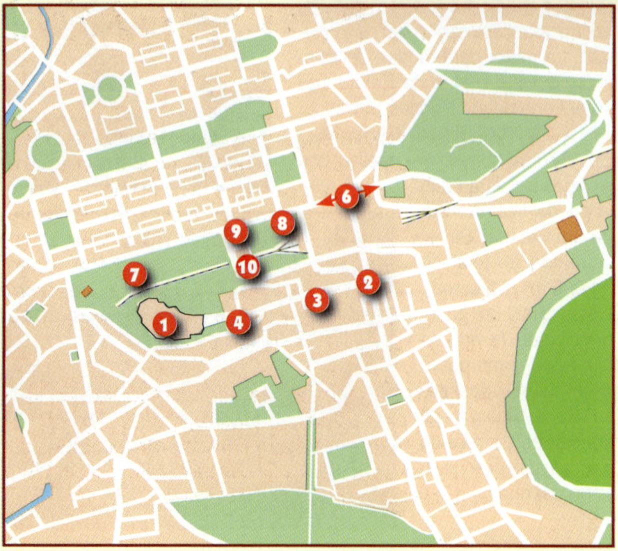

LA VISITA

La visita de Edimburgo está organizada en torno a sus dos núcleos fundamentales, Old Town, la zona antigua, y New Town, definida por su trazado simétrico y regular.

✠ OLD TOWN

El núcleo medieval de Edimburgo tiene como eje principal la Royal Mile, una amplia avenida que une el castillo, en el extremo oeste, con la abadía y el palacio de Holyrood, en la zona oriental. Hacia el sur, en torno a George Square, se encuentra el primer núcleo de ampliación urbana, anterior al desarrollo de New Town. Ajena al nacimiento de estos nuevos centros de expansión urbanística, la vieja ciudad ha mantenido el carácter pintoresco, abigarrado y un tanto caótico de los burgos medievales, desarrollados de forma natural y sin ajustarse a las normas de un plan preestablecido.

EDIMBURGH CASTLE: Emplazado sobre la colina de Castle Rock, la dominante silueta del castillo constituye la principal referencia del paisaje urbano de Edimburgo Horario: abril a septiembre, de 9.30 a 18.00; y de octubre a marzo, hasta las 17.00 h. Última entrada, 45 minutos antes del cierre.

Núcleo de poder a lo largo de los siglos, la fortaleza jugó un papel preponderante en la historia escocesa y fue rescatada como símbolo nacional por el Romanticismo.

Aunque durante la Edad del Hierro ya existió un enclave fortificado en el actual emplazamiento del castillo y en el siglo VII el rey de Northumbría, Edwin, estableció allí un puesto fortificado, la importancia del recinto está relacionada con su conversión en residencia real por Malcolm III y la reina Margarita a finales del siglo XI. Hasta entonces, los diversos edificios que ocupaban la colina de Castle Rock habían tenido una función meramente defensiva. El carácter residencial del recinto fue afianzándose durante los reinados de los sucesores de Malcolm III. Sin embargo, su posición estratégica hizo de él una plaza codiciada por los ingleses, que, a lo largo de las siguientes centurias, disputaron su posesión a los reyes de Escocia. Guillermo *el León* lo entregó al rey inglés Enrique II en 1174; poco después pasó de nuevo a la corona escocesa, para caer una vez más en poder del rey inglés Eduardo I a finales del siglo XIII. Recuperado para Escocia por el conde de Moray en 1313, Robert de Bruce ordenó el desmantelamiento de sus defensas para evitar que sirviera de base a futuros ataques ingleses. No obstante, éstos ocuparon la plaza durante la minoría de David II, hasta 1341, fecha en que Sir William Douglas volvió a tomarlo. Tras su retorno en 1356, David II reforzó el enclave con la construcción de una torre en el emplazamiento de la actual *Half Moon Battery*.

En 1566, María Estuardo dio a luz en el castillo al futuro Jacobo VI, que en 1603 reuniría en su persona las coronas de Escocia e Inglaterra. Un año después, la reina fue acusada de complicidad en la muerte de su esposo, Lord Darnley. Este hecho desencadenó la rebelión de los nobles escoceses, quienes, bajo las órdenes de Sir William Kirkcaldy of Grange, forzaron la huída de la soberana. Kirkaldy

fue nombrado comandante de la plaza, pero, posteriormente, abrazó la causa de María Estuardo y defendió el castillo en su nombre frente a las pretensiones del regente Morton, auxiliado por los ingleses. En el transcurso de estos enfrentamientos, que terminaron con la ejecución de Kirckaldy en 1573, el castillo sufrió graves destrozos. Morton emprendió la tarea de reforzar sus defensas.

Durante las guerras de religión del siglo XVII, la fortaleza cambió de manos en diversas ocasiones. En marzo de 1639, cayó en poder de Alexander Leslie y los Covenanters; al poco tiempo, las fuerzas reales lo recuperaron, pero tras varios meses de asedio pasó nuevamente a poder de Leslie (1640). Poco después de la ejecución de Carlos I en Inglaterra y de la proclamación de Carlos II como rey de Escocia, las tropas de Cromwell pusieron sitio al castillo, que, tras la victoria inglesa, quedó convertido en guarnición del ejército enemigo. Los ingleses iniciaron la construcción del foso. Todavía a finales del siglo XVII la plaza sufriría un nuevo asedio por parte de las fuerzas de Guillermo III; finalmente, el duque de Gordon, partidario del rey Jacobo VII, habría de rendirse en junio de 1689.

El último episodio bélico que tuvo como escenario el castillo de Edimburgo se produjo en el transcurso del segundo levantamiento jacobita (1745), con el intento de asalto de las tropas de Carlos Eduardo Estuardo, que habían ocupado la ciudad. No obstante, la guarnición mantuvo sus puertas cerradas para el joven pretendiente.

LA VISITA AL CASTILLO

La explanada que precede a la fortaleza estaba destinada antiguamente a las ejecuciones públicas y debe su aspecto actual a

las obras de acondicionamiento de los siglos XVIII y XIX. El acceso al castillo se realiza a través de una portada neogótica de finales del siglo XIX, a cuyos lados se levantan las estatuas de dos héroes nacionales, Robert de Bruce y William Wallace. Una vez dentro del recinto, el primer edificio significativo es la **Gatehouse** o cuerpo de guardia, que fue construida en el siglo XIX en sustitución de una anterior. Rematada por un tejadillo escalonado y adornada con pequeños torreones, su apariencia imita el estilo baronial, característico de la arquitectura escocesa del siglo XVII. El recorrido continúa a través de una rampa adoquinada que discurre a los pies de la Half Moon Battery, imponente bastión construido en 1573, sobre el antiguo emplazamiento de la torre erigida por David II en el siglo XIV.

Poco después, se llega a la puerta del rastrillo, Portcullis Gate, edificada en el transcurso de las obras de fortificación emprendidas por el regente Morton (1574). La parte superior corresponde a una reforma del siglo XIX. Tras dejar a la izquierda la escalera que conduce a la zona alta del recinto, se accede a una explanada ocupada por las piezas de artillería de la Argyle Battery bastión del siglo XVIII; un poco más adelante, la Mill's Mount Battery completa las defensas de la fortaleza en su flanco norte. Desde la plataforma de esta batería superior, el disparo de un cañón saluda a diario a los habitantes de Edimburgo; es el llamado *one o'clock gun*, que en origen servía como aviso a los barcos que atravesaban el estuario del Forth. Merece la pena detenerse en esta zona para disfrutar de la magnífica vista de Princes Street y New Town.

El extremo occidental de la terraza inferior está ocupado por un conjunto de edificios sin demasiado interés, en su mayoría del siglo XVIII: la **Governor's House** (Casa del Gobernador), remedo de la arquitectura tradicional escocesa; el Hospital y los Cuarteles (New Barracks).

En el edificio contiguo se ha habilitado el **Regimental Museum of the Royal Scots**, que expone cuadros, medallas y diversos objetos relacionados con la historia de este regimiento.

Rodeando la terraza hacia el sur, se llega a la Foog's Gate, una rampa de acceso a la explanada alta. En esta parte se ha creado el **Scottich National War Museum** (Museo de la Guerra), que distribuido en varios edificios muestra armamento y otros recuerdos del ejército.

De vuelta hacia Portcullis Gate, se asciende a la terraza superior a través de una escalera conocida como **Lang Stairs**. Antes de llegar al final, a la izquierda, se abre la **Argyll's Tower**, donde el marqués de Argyll, acusado de haber favorecido los intereses de Cromwell durante la ocupación inglesa, permaneció encarcelado hasta su ejecución, en 1661. Una vez en la explanada, el imponente perfil de la Half Moon Battery se extiende hacia el este. Debajo de este bastión existió un conjunto de celdas subterráneas, donde los partidarios del rey Jacobo VII se refugiaron durante el asedio de Guillermo de Orange (1689). La situación de los asediados llegó a ser crítica: los soldados obtenían el agua de la nieve fundida y la escasez de provisiones y el hacinamiento culminó en un brote de epidemia que desencadenó enfermedades y muerte. Los restos de quince soldados fueron hallados mucho después, en el transcurso de unas excavaciones realizadas en la zona para la apertura de un túnel.

El recorrido continúa hacia **St. Margaret's Chapel**, la estructura arquitectónica más antigua de la fortaleza. El origen de esta pequeña capilla está en una construcción del siglo XII, erigida por David I en honor de su madre, la reina Margarita, que sería

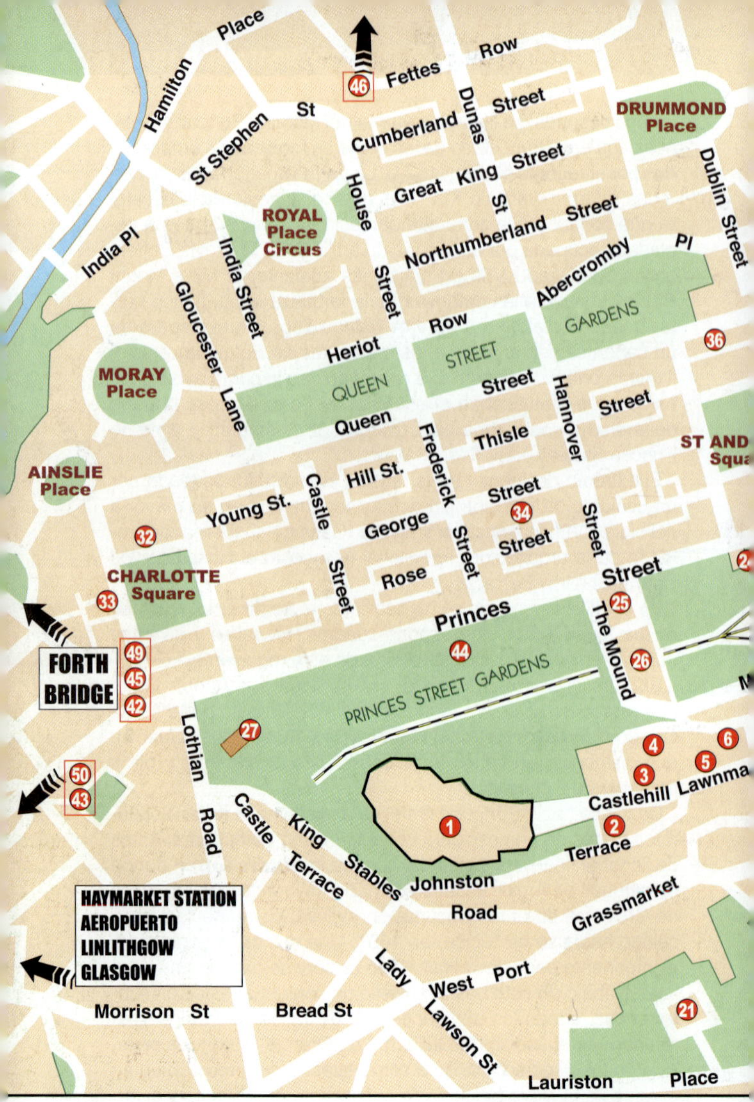

1. Edinburgh Castle
2. Scoth Whisky Heritage Centre
3. Outlook Tower (Camera Oscura)
4. Assembly Hall
5. Gladstone's Land
6. LadyStair's House (The Writer's Museum)
7. St Giles Cathedral
8. Mercat Cross
9. City Chambers
10. Tron Church
11. John Knox's House
12. Museum of Chilhood
13. Brass Rubbing Centre
14. Canongate Tolbooth
15. Canongate Kirk
16. Huntly House Museum
17. Palacio de Holyrood
18. National Library of Scotland
19. Greyfriars Kirk
20. Greyfriars Bobby
21. George Heriot's School
22. Royal Museum of Scotland
23. Old College
24. Scott Monument
25. Royal Scottish Academy
26. National Gallery of Scotland
27. St Cuthbert Church
28. Register House
29. Balmoral Hotel
30. Waverkely Market

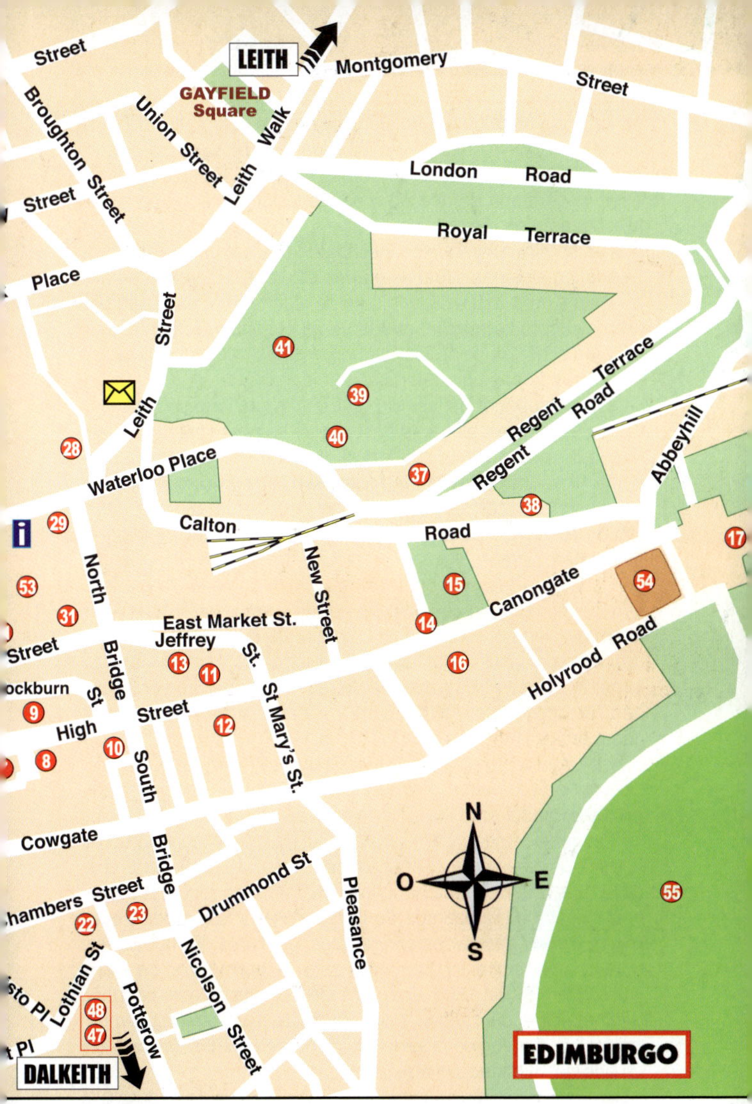

31. Fruitmarket Gallery
32. Georgian House
33. St George Church
34. Assembly Rooms
35. Royal Bank of Scotland
36. Scottish National Portrait Gallery
37. Royal High School
38. Burns Monument
39. National Monument
40. Nelson's Monument
41. City Observatory
42. The Scottish National Gallery of Modern Art
43. St Mary's Espiscopal Cathedral
44. Scottish American War Memorial
45. The Dean Gallery
46. Royal Botanic Garden
47. Royal Observatory
48. Craigmillar Castle
49. Lauriston Castle
50. Edinburgh's Zoo
51. Transport Information Centre
52. Bus Station
53. Waverley Station
54. Scottish Parliament
55. Arthur's Seat

canonizada tras su muerte. Durante mucho tiempo fue utilizada como polvorín, hasta que, a mediados del XIX se emprendió su restauración, completada durante el siglo XX. En su interior, un espacio pequeño de aire rústico y sencillo, destaca el arco del presbiterio, con decoración en zigzag de estilo normando, y el ábside semicircular, que se inscribe en una cabecera rectilínea. Desde las almenas situadas en frente puede disfrutarse de una de las mejores vistas del conjunto de la fortaleza. En la parte inferior, y sobre la muralla, puede verse el minúsculo cementerio de perros de los soldados, algunos de los cuales participaron junto a las tropas en numerosas campañas.

La parte superior del castillo de Edimburgo tiene su centro en **Crown Square**, un elegante patio al que se abren las dependencias que componen la residencia real. En el lado norte se levanta el sobrio **Scottish National War Memorial**, que alberga un museo dedicado a los soldados escoceses que combatieron en la Primera Guerra Mundial. El ala sur está ocupada por el **Great Hall**, una amplia sala construida en el siglo XVI para Jacobo IV. Está techada con una magnífica cubierta de madera. Una chimenea y un conjunto de armas y armaduras completan la decoración de esta estancia, destinada a banquetes y grandes ceremonias. Hasta 1639 fue el lugar de reunión del Parlamento escocés. Posteriormente, sufrió algunas remodelaciones, fue ocupado por barracones y, durante un tiempo, se utilizó como hospital.

En el flanco oriental de Crown Square se encuentra el palacio propiamente dicho, de aire renacentista: el nombre de **Royal Apartments** engloba un conjunto de estancias iniciadas en 1430 y remodeladas y ampliadas en el siglo XVII, con motivo de la visita de Jacobo VI. El acceso más cercano al Great Hall conduce, tras una pequeña habitación que alberga recuerdos jacobitas, hasta los aposentos de la reina María Estuardo, **Queen Mary's Room**, decorados con retratos familiares. En la sala que se abre a la habitación principal nació Jacobo VI, hijo de María y Lord Darnley, en 1566. Lo más sobresaliente de este pequeño gabinete es el delicado techo de madera, decorado con símbolos reales. El sillón de la reina y la chimenea contribuyen a crear un aire de intimidad en la estancia.

De nuevo en la plaza, la siguiente puerta sirve de acceso a la **Crown Room**, la cámara donde se exponen las joyas de la corona, símbolo nacional escocés. Un montaje audiovisual ofrece una completa explicación acerca de las tres piezas que conforman los denominados *Honours of Scotland* (Insignias de Escocia): la corona, el cetro y la espada, utilizados por última vez en 1651 para la coronación de Carlos II. Para preservarlo de las ambiciones de Cromwell, el tesoro fue sacado subrepticiamente del castillo y ocultado en una pequeña iglesia. Tras la unión con

Inglaterra en 1707, las joyas de la corona se guardaron en un cofre bajo llave; durante mucho tiempo, se pensó que estaban perdidas. Serían redescubiertas en el siglo XIX, tras una búsqueda iniciada por Sir Walter Scott. La pieza principal es la corona, con lujosas incrustaciones de piedras preciosas y rematada por una cruz de esmalte, que fue realizada para Jacobo V en 1536. El cetro, la joya más antigua, fue un regalo del papa Alejandro VI al rey Jacobo IV en 1494; está decorado con imágenes de la Virgen, San Jacobo y San Andrés, y con un cristal de roca. La espada, realizada en Italia, es también un obsequio papal, en este caso de Julio II (1597); los emblemas personales del papa y los símbolos de la Iglesia triunfante se emplean como motivos decorativos. A estas tres piezas maestras de la orfebrería se añadió, para su exposición, una cuarta: la **Stone of Destiny**, un sencillo bloque de arenisca cuyo origen está teñido de leyenda. Al parecer, fue traído desde Irlanda hasta Dunadd por un grupo de misioneros en los primeros tiempos del cristianismo. Posteriormente, fue trasladada a Dunstaffnag y, desde allí, el rey de Dalriada, Kenneth MacAlpine, la depositó en la abadía de Scone en 838. En Scone fue utilizada como trono durante el acto solemne de la coronación de los reyes. A finales del siglo XIII, El rey Eduardo I la llevó a Inglaterra, donde permaneció durante más de setecientos años. Finalmente, en 1996, fue devuelta a Escocia. Las especulaciones acerca de su autenticidad no han cesado nunca; según algunas fuentes, los monjes de Scone habrían escondido la verdadera para preservarla de las ambiciones del rey inglés.

El extremo occidental del patio superior está ocupado por un edificio construido en tiempos de la reina Ana. Albergó hasta época reciente el Scottish United Services Museum, donde se exponían uniformes, medallas y otros objetos militares de los regimientos escoceses.

En la parte baja de Crown Square se conservan un conjunto de cámaras abovedadas, construidas en época de Jacobo IV, que fueron utilizadas como prisión. En una de ellas, se expone el **Mons Meg**, cañón del siglo XV fundido en Flandes; el arma, de enorme potencia, se empleó con éxito en diversos asedios. En 1682, durante las salvas disparadas en honor del futuro Jacobo VII, estalló. Después de permanecer durante un tiempo en la Torre de Londres, Sir Walter Scott solicitó su devolución al rey Jorge IV, petición que fue aceptada en 1829. Justo enfrente, se encuentra la Military Prison, erigida en 1842.

ROYAL MILE: La arteria principal del casco antiguo de Edimburgo está formada, en realidad, por la unión de cuatro vías que descienden en pendiente desde el castillo hasta el palacio y la abadía de Holyrood: de arriba abajo, Castlehill, Lawnmarket, High Street y Canongate; esta última, situada extramuros, fue el centro de un bur-

go independiente hasta 1856. La Royal Mile presenta una estructura uniforme, especialmente en su parte más cercana al castillo: casas de varios pisos, denominadas *lands*, quedan separadas entre sí por pasajes (*lanes*) que conducen a pintorescos y sombríos *courts*. Estos patios, a veces comunicados entre sí, fueron la morada de ilustres personajes o simples ciudadanos. Artesanos, comerciantes, aristócratas y pueblo llano, una peculiar mezcla de clases sociales, convivía en la parte alta de Royal Mile.

En 1767 se emprendió la remodelación urbana que culminaría en la creación de New Town, al norte del casco antiguo. Muchos de los habitantes de la ciudad medieval, atraídos por la elegancia del nuevo barrio, optaron por trasladarse. Esta decisión acarreó el paulatino descuido y abandono de la zona, ya que sólo las clases más desfavorecidas permanecieron en Old Town. En la actualidad, la declaración del casco antiguo de Edimburgo como zona de valor históricoartístico, ha impulsado su recuperación. Cada vez más gente está volviendo a ocupar el corazón de la ciudad, con la intención de preservar y revitalizar uno de los núcleos medievales más interesantes de Europa.

Royal Mile es hoy en día un área eminentemente turística, animada por la presencia de numerosos visitantes. Proliferan las tiendas de recuerdos y de productos tradicionales escoceses gaitas, *kilts*, whisky, a menudo meros reclamos comerciales que hacen las delicias de los buscadores de *souvenirs*. No obstante, y aparte de algunas obligadas concesiones, Royal Mile es uno de los puntos principales de la visita de Edimburgo. La calle ofrece perspectivas evocadoras y su carácter de barrio popular se entremezcla con el aire señorial que le otorgan algunos de sus edificios, antiguas sedes de las más altas instituciones del reino.

CASTLEHILL

El primer tramo de Royal Mile, arranca desde la explanada del castillo. A la izquierda se encuentra ***Ramsay Lodge***, un edificio del siglo XVIII rodeado de frondosos jardines. Fue construido por el poeta Allan Ramsay, padre del célebre retratista. El resto de construcciones que se levantan junto al extremo nororiental de la explanada

datan de finales del XIX y son el resultado de un pintoresco plan de rehabilitación de Old Town, emprendido por Patrick Geddes.

SCOTCH WHISKY HERITAGE CENTER: 354 Castlehill; a la derecha del Ramsay Lodge. ☎ 0131 220 0441 www.scotch-whisky-experience.co.uk Horario: de junio a septiembre, de 9.30 a 18.30; y de octubre a mayo, de 10.00 a 17.00 h. Uno de los numerosos reclamos turísticos de Royal Mile. Una visita guiada permite, a través de montajes audiovisuales y una serie de cuadros vivientes, una completa información acerca de los diferentes aspectos relacionados con la bebida nacional. Las distintas técnicas de elaboración, la maqueta de una destilería, una exhibición de un mezclador de whisky y un amplio muestrario de marcas –con posibilidad de degustación y compra– constituyen sus principales atracciones.

EDINBURGH TARTAN WEAVING MILL AND EXHIBITION: 555 Castlehill; a la misma altura del Scotch Whisky Heritage Center, en el lado opuesto de la calle. Horario: de 9.00 a 17.30. Entrada libre. Emplazado en un antiguo depósito de agua para el abastecimiento de la ciudad, el recorrido permite asistir al complejo proceso de confección textil que culmina en la elaboración del tartán tradicional. Hay exposiciones de artesanía, muestras de tejidos característicos de las Highlands y una tienda especializada.

OUTLOOK TOWER (CAMERA OBSCURA): Castlehill, después de pasar Ramsay Lane. La blanca silueta de esta torre no pasará desapercibida. Horario: de abril a octubre, de lunes a viernes, de 9.30 a 18.00 (julio y agosto hasta las 19,30); sábado y domingo, desde las 10.00; de noviembre a marzo, de 10.00 a 17.00). En 1853 se instaló, sobre la azotea de un edificio del siglo XVII, una gigantesca cámara, la *camera obscura*, que ofrece en directo la imagen de lo que ocurre en el exterior. El artefacto ofrece distintas panorámicas de la ciudad, en tanto se asiste a una explicación de la historia de Edimburgo. Una exposición de fotografías y holografías completan la visita. Desde la terraza, que cuenta con magníficas vistas, un potente telescopio sitúa los más remotos puntos de la urbe al alcance del ojo más curioso.

ASSEMBLY HALL: Castlehill, junto a la Outlook Tower. Edificio decimonónico, en el antiguo emplazamiento del palacio de Mary de Guise, la madre de María Estuardo, destruido en 1861. Sus dependencias están destinadas a la reunión anual de la Asamblea General de la Iglesia de Escocia *(Church of Scotland)*, cuya jefatura se encuentra en manos de la reina Isabel. A lo largo de los siglos XVIII y XIX se sucedieron en el seno de la Iglesia rupturas y sucesivas reagrupaciones de las distintas comunidades; en 1900 se formó la *United Free Church of Scotland*, mayoritaria y opuesta a la iglesia presbiteriana establecida. Ambos grupos se fusionaron en 1929 para formar la *Church of Scotland.* Durante la celebración del Festival de Edimburgo, los locales del Assembly Hall acogen representaciones teatrales.

TOLLBOOTH KIRK *(THE HUB)*: (www.thehub-edinburgh.com) al otro lado de la calle destaca la aguja de esta iglesia de estilo neogótico que parece rozar el horizonte. Su chapitel, el más alto de Edim-

burgo, constituye una referencia inconfundible del paisaje urbano. Su construcción se ha atribuido frecuentemente a Augustus Pugin, pero en realidad es obra de *James Gillespie Graham* (1843). Como el cercano Assembly Hall, el edificio acoge actividades relacionadas con el Festival.

LAWNMARKET

A partir de Tolbooth Kirk, la Royal Mile se ensancha para dar paso a su segundo tramo, Lawnmarket, espacio destinado hasta el siglo pasado a la venta de ropa blanca.

MILNE'S COURT: un desvío a la izquierda, poco después del Assembly Hall, permite acceder a uno de los característicos patios que se abren a ambos lados de la calle. Las antiguas casas de vecinos, donde las familias convivían en un espacio con frecuencia insuficiente, fueron restauradas en 1970 y, en la actualidad, albergan residencias de estudiantes.

JAMES COURT: muy cerca del patio anterior. Atractiva placita a la que se accede a través de un oscuro pasadizo. Una placa conmemorativa informa acerca de sus ilustres residentes: el filósofo David Hume y el escritor James Boswell.

GLADSTONE'S LAND: 477 b Lawnmarket. Horario: de abril a octubre, de lunes a sábado, de 10.00 a 17.00; domingo, desde las 14.00. Magnífico ejemplo de las características casas de vecindad de Old Town, estrechas y elevadas en función de las necesidades de espacio. El edificio fue la residencia de Thomas Gladstone, próspero comerciante local, que en 1617 adquirió una modesta casa para convertirla en una vivienda de seis plantas. La familia Gledstane ocupó el tercer piso y alquiló los restantes a otros comerciantes. La arcada inferior es el único testimonio de la construcción original; como el resto del conjunto, ha sido restaurada y recrea con acierto su antigua función de tienda. Las habitaciones principales albergan mobiliario de época y proporcionan una reconstrucción aproximada de la forma de vida de Old Town durante el siglo XVII. Particularmente interesante es la denominada *Painted Chamber*, decorada con un elegante techo de madera y frisos que recorren los muros.

LADY STAIR'S HOUSE (THE WRITER'S MUSEUM): Lady Stair's Close, Lawnmarket. Horario: de lunes a sábado, de 10.00 a 17.00; los domingos, desde las 12.00. Entrada libre. La siguiente parada de este recorrido es una cita de carácter literario: un museo consagrado a los tres grandes escritores escoceses: Robert Burns (1759-96), Sir Walter Scott (1771-1832) y Robert Louis Stevenson (1850-94). Ocupa otro edificio del siglo XVII, muy alterado en su interior, que perteneció a la condesa de Stair, conocida figura del ambiente literario de la época. Contiene retratos, manuscritos y algunas curiosidades, como el escritorio de Burns o el tablero de ajedrez de Scott. (Ver Museos).

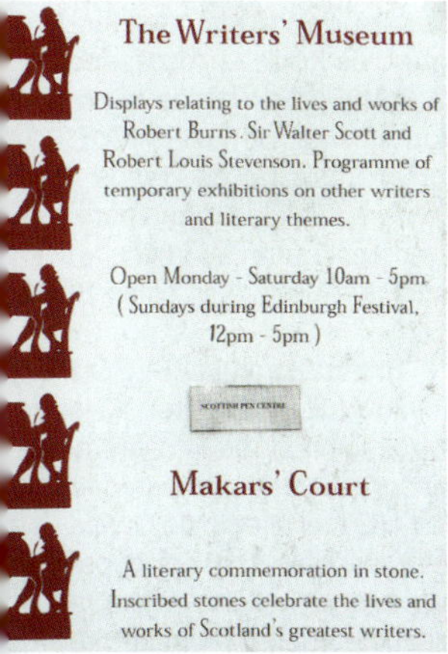

RIDDLE'S COURT: cruzando nuevamente la Royal Mile se accede a este doble patio con viviendas de los siglos XVI y XVII. La más destacable es *Macmorran's House* (XVI), célebre por ser el lugar donde, en 1598, los burgueses de la ciudad homenajearon con un banquete a Jacobo VI y su esposa, Ana de Dinamarca.

Justo al lado, en **Brodie's Close**, vivió Deacon William Brodie, uno de los personajes más populares de Edimburgo. Este esquizofrénico individuo, respetable burgués durante el día y ladrón de noche, inspiró a Stevenson la célebre ficción *El extraño caso del doctor Jeckyll y Mr. Hyde*. Apresado por la justicia, Brodie consiguió huir a Holanda, aunque, finalmente, acabaría en el patíbulo.

En su encuentro con Bank Street, Lawnmarket se ensancha ligeramente antes de dar paso a High Street, el tercer tramo de Royal Mile, que compartió con Lawnmarket su antigua vocación comercial.

PARLIAMENT SQUARE: a mano derecha. Explanada surgida tras el derribo de una serie de antiguos edificios. A los pies de la estatua del Duque de Buccleuch, se encuentra el célebre **Heart of Midlothian**, una piedra de pórfido con forma de corazón, a modo de mosaico incrustado en el pavimento, que señala el emplazamiento de la antigua cárcel, el Old Tolbooth. En Parliament Square, dividida en dos sectores por la catedral, se concentran algunos de los edificios más significativos de Edimburgo. A la entrada, un panel explicativo proporciona información sobre las distintas construcciones que conforman su entorno, definido desde el punto de vista arquitectónico por el neoclasicismo decimonónico. Los edificios constituyen una suerte de fachada continua de elegante diseño: **Lothian Regional Chambers,** que data de principios del siglo XIX y fue edificado según planos de Robert Reid; **Signet Library,** obra de William Stark, que ocupa el flanco occidental y cuenta con un lujoso hall de entrada; Parliament House y St Giles Church.

PARLIAMENT HOUSE: 2 Parliament Square, frente a la nave meridional de la catedral. Horario: abril-octubre, de lunes a viernes, de 9.00 a 18.00; noviembre-marzo, hasta las 16.00. Se trata de la antigua sede del Parlamento hasta la unión con Inglaterra en 1707. El edificio, erigido entre 1632 y 1640 por el arquitecto de Carlos I, John Mylney, fue remodelado en 1829 y en la actualidad forma parte del Tribunal Supremo. El vestíbulo interior ostenta una magnífica techumbre de madera. En el centro de Parliament Square se eleva St Giles's Church.

ST GILES CHURCH: Parliament Square. Entrada gratuita. St Giles Church es la única iglesia medieval de Edimburgo. En ella prendió la Reforma alentada por John Knox, que fue predicador de la catedral entre 1560 y 1572. La estatua del reformador religioso se encuentra a la entrada del templo. Posteriormente, en 1637, el intento de Carlos I de introducir un nuevo libro de oraciones y reimplantar el episcopalismo despertó las iras del pueblo. Según cuenta la tradición, una mujer humilde, Jenny Geddes, arrojó su banqueta contra el pastor durante la predicación. Los demás miembros de la congregación dieron rienda suelta a la cólera contenida y expulsaron al clero de la iglesia. En el interior de la catedral, una placa conmemorativa recuerda este

episodio de la historia local, que condujo a la firma del National Covenant.

St Giles es un templo gótico, cuya apariencia exterior, no obstante, es fruto de una reforma llevada a cabo a principios del XIX. La remodelación afectó igualmente al interior de la catedral, con la incorporación de numerosos monumentos funerarios que hicieron de este recinto sagrado una suerte de panteón nacional. El edificio actual es el tercero de los que ocuparon este emplazamiento: la primera iglesia, del siglo IX, fue sustituida en el XII por un templo de estilo normando, fundado por Alejandro I. Destruido por los ingleses a finales del XIV, su restauración se prolongó hasta casi el final de la centuria siguiente. Apenas quedan restos de las fábricas medievales anteriores: los gruesos pilares que soportan el crucero, procedentes en parte de la obra románica, y la torre, de finales del siglo XV, rematada por una delicada corona compuesta por ocho pequeños arbotantes.

La planta, en cruz, original ha sido desvirtuada por la adición de numerosas capillas. A la izquierda de la entrada desde Parliament Square, puede contemplarse una magnífica vidriera de intenso colorido, diseñada por los prerrafaelistas Edward BurneJones y William Morris; en ella están representados los profetas del Viejo Testamento y los israelitas atravesando el Jordán. La ventana adyacente es una obra reciente, dedicada al insigne poeta nacional Robert Burns. Diversos monumentos conmemorativos y funerarios ocupan el flanco norte de la catedral, que discurre paralelo a High Street. En primer lugar, *Albany Aisle*, una capilla construida a comienzos del XV, techada con bóveda gótica. A continuación, *St Eloi's Chapel*, que alberga un monumento del siglo XIX erigido en honor del duque de Argyll.

El ángulo sureste de la catedral está ocupado por la *Thistle Chapel*, la Capilla de la Orden del Cardo, fundada a finales del siglo XVII por Jacobo VII. Fue diseñada a comienzos del siglo XX por Sir Robert Lorimer y es una obra de estilo neogótico que ilustra el gusto por la recuperación de lenguajes arquitectónicos del pasado. La cámara de acceso está cubierta por un conjunto de florones de piedra con decoración vegetal que recorren los nervios de la bóveda. El interior de Thistle Chapel acoge una elegante sillería tallada en madera de roble; cada uno de los asientos, destinados a los caballeros de la orden y al soberano, está coronado por símbolos heráldicos, cascos de armaduras, estandartes y penachos rematados con cabezas de animales, algunas de apariencia fantástica. La exquisitez de las tallas y la extravagancia de los motivos ornamentales convierten la capilla en una obra maestra de la artesanía local. Todos los años, con motivo de la festividad de San Andrés (30 de noviembre), se reúnen en la capilla los caballeros que acuden al acto ataviados con un traje de terciopelo verde y un sombrero negro con penacho.

El recorrido continúa a lo largo de la nave meridional de la catedral, denominada *Moray Aisle*, hasta *Chepman Aisle*, donde se encuentra la tumba del marqués de Montrose. Un monumento del siglo XIX recuerda a este antiguo Covenanter convertido finalmente en fiel defensor de la causa realista. Por cierto, las referencias a los Covenanters abundan en St. Gilles. En su interior se conserva un ejemplar del National Covenant de 1638, con las firmas de sus miembros, mientras los escudos de armas de sus líderes aparecen como elementos decorativos de las ventanas de algunas capillas. Tras pasar el órgano, se verá otro monumento funerario del XIX, erigido en honor del conde de Moray, hermanastro de María Estuardo y regente de su hijo. Conserva una placa original del siglo XVI. La vidriera de la capilla ilustra la historia de su asesinato en Linlithgow y representa al reformador John Knox pronunciando un sermón en la hora de su muerte. Al final de Moray Aisle puede contemplarse un bajorrelieve dedicado al escritor local Robert Louis Stevenson.

HIGH STREET

Tras la visita a St. Gilles, el itinerario continúa a través del tercer tramo de la Royal Mile, High Street.

MERCAT CROSS: detrás de la catedral, en la parte oriental de Parliament Square. Templete del siglo XIX que sustituyó a la estructura gótica original. Está adornado con escudos de armas y coronado por un unicornio, el símbolo nacional. Este tipo de monumentos señalaban el centro de reunión de comerciantes y mercaderes, y fueron escenario de proclamaciones reales, manifestaciones populares y ejecuciones públicas.

LOCH NESS DISCOVERY CENTRE: junto a la Mercat Cross. Horario: julio y agosto, de 9,30 a 20.00; de septiembre a junio, hasta las 18.00. Exposición dedicada al célebre monstruo del Loch Ness, con un buen número de fotografías y una película en tres dimensiones.

CITY CHAMBERS (AYUNTAMIENTO): a la izquierda, frente a Mercat Cross. La racionalidad y el orden se encarnan una vez más en el diseño neoclásico de este edificio proyectado por John Adam a mediados del siglo XVIII. Su primitiva función, como Royal Exchange, arrebató a Mercat Cross su papel de punto principal de reunión de los comerciantes de la ciudad. Parte del edificio del Royal Exchange se edificó sobre el ***Mary King's Close,*** acondicionado hoy como un interesante museo que hace hincapié en la vida cotidiana de los siglos XVI y XVII.

ANCHOR CLOSE: un poco más adelante, en el mismo lado de High Street. Lugar donde vivió William Smellie, autor de la primera edición de la *Enciclopedia Británica* (1768).

TRON KIRK: en la acera opuesta, más adelante, ocupando la esquina con South Bridge. Su construcción se inició en 1637 y entre sus elementos más destacados hay que destacar la armadura enrejada de su cubierta, semejante a la de Parliament Hall. Esta similitud induce a pensar que fueron los mismos artesanos los que trabajaron en la decoración de ambos edificios; la hipótesis parece acertada, pues el proyecto del templo se debe a John Mylne, el mismo arquitecto del Parlamento. A finales del siglo XVIII, el desarrollo de New Town determinó la necesidad de abrir vías de comunicación con el casco antiguo y con el área situada al sur de Royal Mile. El trazado de nuevas calles alteró el plano original de la iglesia. La elegante aguja que hoy le sirve de remate fue construida en sustitución de la original, en el transcurso de las obras de restauración que siguieron al terrible incendio de 1824. El conjunto de vidrieras corresponde también a esta centuria. Reabierta al público tras una interesante campaña arqueológica en la que se han sacado a la luz los restos de un antiguo *close*, destruido por la construcción del templo. Han aparecido los cimientos de bodegas y otros edificios. El proceso de excavación se expone detalladamente a través de un conjunto de fotografías y paneles explicativos, que ofrecen, asimismo, una exhaustiva información acerca del casco antiguo de Edimburgo.

BRASS RUBBING CENTRE: 81 High Street. Después de pasar el cruce de North y South Bridge con High Street, en la acera de la izquierda. Horario: junio a septiembre, de lunes a sábado, de 10.00 a 17.00; octubre a mayo, cerrado. Entrada libre. Es el único resto de la antigua Holy Trinity Collegiate Church. La iglesia, de estilo gótico, fue fundada en 1460 por María de Guise, la madre de María Estuardo. Trinity Apse es el resultado de una serie de infructuosos intentos de reconstrucción del antiguo templo, que fue demolido en 1848. En el Brass Rubbing Centre se exponen grabados en latón, obtenidos a partir de réplicas de piedras pictas y moldes de otras épocas. El visitante tiene la oportunidad de experimentar él mismo con esta técnica.

MOWBRAY HOUSE: un poco más adelante se encontrará la que es, probablemente, la vivienda más antigua de Edimburgo. Fue edificada a comienzos del siglo XVI. Se trata de un edificio de cuatro plantas, que, además de haber desempeñado las funciones de taberna y librería, sirvió de despacho a Daniel Defoe y de estudio al retratista George Jameson.

JOHN KNOX'S HOUSE: 43-45 High Street, junto a Mowbray House. Es la supuesta morada de uno de los hombres más importantes de la historia de Escocia, John Knox. La Reforma liderada por Knox fue una auténtica revolución religiosa que implicó, al mismo tiempo, una importante transformación del orden político. El edificio, que perteneció en realidad a James Mosman, orfebre de la reina María Estuardo, presenta una escalera vista y un reloj de sol decorado con la imagen del profeta Moisés. Su interior, con notable decoración de paneles y techumbres de madera, está consagrado, como no podía ser de otra forma, a la figura del carismático predicador.

MUSEUM OF CHILDHOOD: 42 High Street. Horario: de lunes a sábado, de 10.00 a 17.00; domingos de julio y agosto, desde las 12.00. Entrada libre. Cita ineludible para niños y nostálgicos de la infancia, ya que el museo cuenta con una amplia colección de juguetes de todas las épocas y países, libros y trajes infantiles.

CANONGATE

Pasado el cruce de St Mary's Street y Jeffrey Street se inicia Canongate, que recibió su nombre de los canónigos de Holyrood que habitaron allí.La proximidad al palacio de Holyrood hizo que muchos nobles construyeran sus residencias en Canongate; asimismo, proliferaron en la zona edificios oficiales.

CHESSEL'S COURT: en la acera de la derecha se verá la antigua aduana, un edificio de mediados del siglo XVIII que fue restaurado no hace mucho tiempo.

MOROCCO LAND: en la acera opuesta. Fruto asimismo de una reciente remodelación, reproduce un tradicional edificio de viviendas de Old Town.

MORAY HOUSE: una de las escasas muestras que se conservan de las antiguas residencia nobles de la zona. Fue erigida en 1628 y ocupada por Cromwell entre 1648 y 1650. Hoy, es la sede de un centro de educación. Se mantiene la verja del viejo edificio, con dos remates piramidales de piedra a los lados, y el balcón del primer piso. Según la tradición, en este lugar se firmó el Acta de Unión con Inglaterra en 1707.

CANONGATE TOLBOOTH (PEOPLE'S STORY MUSEUM): 163 Canongate. Horario: de lunes a sábado, de 10.00 a 17.00; en agosto, domingos de 12.00 a 17.00. Entrada libre. Antigua prisión y centro administrativo de este antiguo burgo independiente. El edificio, con escalera exterior, presenta las características torrecillas de remate y actualmente alberga un pequeño museo dedicado a ilustrar la vida cotidiana de los habitantes de Edimburgo desde finales del siglo XVIII hasta la actualidad. La historia oral, los recuerdos y las fuentes literarias se combinan con olores, sonidos y sabores auténticos, para mostrar al visitante atractivos retazos de la historia local.

CANONGATE KIRK: al lado del Canongate Tolbooth. La iglesia fue construida en 1688 para acoger a los monjes de la abadía de Holyrood, cuando fue requisada por Jacobo VII para convertirla en capilla de la Orden del Cardo. El templo ostenta en su fachada principal una cruz adornada con una cabeza de ciervo, motivo ornamental que alude a la legendaria fundación de la abadía de Holyrood. En su interior se conserva el banco real y los asientos destinados a oficiales, decorados con sus respectivos escudos de armas. El cementerio de Canongate Church ofrece una magnífica vista de Calton Hill. Las lápidas de piedra, cubiertas de musgo y humedad, conforman un espacio evocador, última morada de algunos de los más ilustres ciudadanos de Edimburgo, como el poeta Robert Fergusson o el economista Adam Smith, que vivió en la cercana Panmure House entre 1788 y 1790.

MUSEUM OF EDIMBURGH: 142 Canongate, frente a la iglesia. Horario: de lunes a sábado, de 10.00 a 17.00; en agosto, domingos de 12.00 a 17.00. Entrada libre. El principal museo de historia local ha sido instalado en Huntly House, un edificio del siglo XVI acondicionado para albergar los fondos. Cuenta con salas dedicadas a los diferentes periodos históricos, donde se expone mobiliario y objetos decorativos, cerámica o piezas de vidrio. Entre otras curiosidades, pueden contemplarse viejos letreros de tienda de la ciudad. Además, el museo conserva un ejemplar del National Covenant de 1638.

WHITE HORSE CLOSE: A medida que se desciende por Canongate, la altura de las viviendas disminuye y el aspecto de la calle parece hacerse menos abigarrado. En el tramo final comienzan a aparecer las edificaciones modernas. En la acera norte, se localiza White Horse Close, un pintoresco patio del siglo XVII que albergó el White Horse Inn, posada y estación de postas para los viajeros a Londres. Los edificios que se asoman a él presentan algunas de las características de la arquitectura tradicional escocesa: gabletes escalonados, pequeñas buhardillas en los pisos altos y escaleras exteriores.

SCOTTISH PARLIAMENT: Canongate. Horario: abril-octubre, lunes y viernes, de 10.00 a 18.00; sábados y domingos hasta las 16.00; de martes a jueves, de 9.00 a 19.00. Noviembre-marzo, lunes y viernes, de 10.00 a 16.00; de martes a jueves, de 9.00 a 19.00; sábado, de 10.00 a 14.00. Entrada libre. Frente al Palacio de Holyrood se alza el moderno y controvertido edificio del Parlamento escocés, diseñado por el español Enric Miralles. Inaugurado por la reina Isabel II en 2004, se trata de un edificio orgánico, caracterizado por el movimiento y compuesto por un conjunto de módulos agrupados de manera armónica que se integran de forma natural en el entorno.

OUR DINAMIC EARTH: Holyrood Road. Horario: julio y agosto, de 10.00 a 18.00; de septiembre a junio, de 10.00 a 17.00 (cierra lunes y martes de noviembre a marzo). A espaldas del Parlamento se localiza este moderno edificio, que acoge una interesante y entretenida exposición interactiva, con espectaculares efectos especiales, que permite descubrir la historia de la Tierra, desde los orígenes del Universo hasta nuestros días

PALACIO Y ABADÍA DE HOLYROOD

Horario: de abril a octubre, de 9.30 a 18.00; de noviembre a marzo, de 9.30 a 16.30. Permanece cerrado el 10 de abril, entre el 15 de mayo y el 3 de junio, del 27 de junio al 8 de julio, el 7 de noviembre y los días 25 y 26 de diciembre. Última entrada, una hora antes del cierre.

Desde Canongate, Abbey Strand conduce a Holyrood. En el lado norte de esta calle se alza un edificio del siglo XVI que actualmente sirve de alojamiento a los mayordomos reales durante las visitas estivales de la reina. En ella se conserva el Queen Mary's Bath House, una estancia coronada por un torreón, donde, según la tradición, la reina se bañaba en vino dulce. En realidad, debió de ser un pabellón de verano o un palomar. El mismo

estilo arquitectónico se aprecia en el Croft and Righ, la mansión que ocupa el extremo del muro oriental del conjunto. Holyrood es la residencia oficial de la reina en Escocia; esta condición, unida a la utilización del palacio para ceremonias de Estado y otros encuentros oficiales, hacen que sus dependencias no siempre puedan estar abiertas al público.

Según la leyenda, su origen se remonta a 1128. En el transcurso de una cacería, el rey David I, hijo de Malcolm Canmore y Santa Margarita, fue sorprendido por el ataque de un venado. Para defenderse, el rey asió con fuerza los cuernos del animal, cuando, milagrosamente, apareció una cruz *(rood)* que puso en fuga al animal otras versiones aseguran que la propia cornamenta se convirtió en cruz. Esa misma noche, el monarca soñó que una voz le ordenaba establecer en el lugar del suceso una abadía consagrada a la devoción de la cruz, como agradecimiento por haber salvado su vida. David I fundó la abadía de Holyrood (Santa Cruz), que sería ocupada por monjes agustinos, a los que concedió el privilegio de tener su propio burgo independiente. Al margen de esta legendaria tradición, lo más probable es que la abadía fuera edificada para proporcionar digno albergue a un fragmento de la Vera Cruz, regalo de la reina Margarita a su hijo.

Independientemente de su origen, lo cierto es que Holyrood se vio favorecido desde época temprana por el patronazgo de la corona, que, con el tiempo, convirtió la sencilla hospedería de los monjes en residencia real. Sin duda, contribuyó a ello de manera decisiva su magnífico emplazamiento, a los pies de la colina de Arthur's Set. Las dependencias monásticas que sirvieron de alojamiento a los monarcas en los primeros tiempos sufrieron sucesivas remodelaciones. Durante el reinado de Jacobo II se creó un ala para uso exclusivo de la corte. Poco a poco, el núcleo medieval fue ampliándose hasta quedar transformado, en tiempos de Jacobo IV, en un auténtico palacio. En esta época se añadió una gran torre cuadrangular, rematada con torrecillas menores en los ángulos, que hoy puede verse a la izquierda de la fachada principal. Jacobo V ordenó la construcción de un cuerpo residencial organizado en torno a un patio central. En tiempos de María Estuardo, el palacio ocupaba un espacio bastante más amplio del definido por sus dependencias actuales.

Tras el incendio de 1650, durante la ocupación de las tropas de Cromwell, la residencia fue prácticamente derruida en su totalidad, excepto la torre de Jacobo IV. Veinte años después, Carlos II emprendió la reconstrucción según diseño de William Bruce. En la parte derecha de la fachada mandó edificar una torre idéntica a la conservada en el ángulo opuesto y, entre ambas, se levantó el cuerpo central, de menor altura y diseño renacentista. A pesar de este aparente interés, Carlos II nunca vivió en Holyrood. Durante su breve estancia en Edimburgo, Carlos Eduardo Estuardo convirtió Holyrood en su cuartel general; el palacio vivió entonces una breve etapa de esplendor. Por muchos años, desde finales del siglo XVIII hasta que la reina Victoria comenzó a viajar con regularidad a Escocia costumbre que mantuvieron sus sucesores, el palacio de Holyrood apenas fue visitado por la familia real.

LA VISITA

El aspecto actual del palacio corresponde fundamentalmente a la reforma del siglo XVII, llevada a cabo durante el reinado de Carlos II. La explanada que lo precede está decorada con una fuente del siglo XIX, reproducción de la que existe en el palacio de Linlithgow. La entrada se realiza a través de una portada flanqueada por columnas dóricas y decorada con los símbolos del reino, las armas de los monarcas de Escocia y el lema de la Orden del Cardo. Sobre el entablamento, las iniciales del rey y los símbolos del reino: la corona, la espada y el cetro. Tras atravesar un vestíbulo, se llega al patio principal: las fachadas que limitan su extensión componen una estructura armónica y uniforme de sabor clásico. Los valores de simetría, proporción y equilibrio se encarnan a la perfección en Holyrood, una de las más notables realizaciones del estilo palladiano. Los órdenes clásicos se superponen; en la planta baja, el dórico, en el primer piso el jónico y en el segundo el corintio. La apariencia del conjunto es similar a la de las grandes mansiones francesas del Renacimiento.

La parte más antigua del palacio, del siglo XVI, son los **Historical Apartments**, que comprenden las estancias ocupadas por María Estuardo tras su regreso de Francia, en 1561. No obstante, sufrieron algunas alteraciones durante la reforma efectuada en el XVII. El dormitorio de la reina y la Outer Chamber, son, sin duda, las habitaciones más evocadoras de la residencia. En ellas encontró la muerte en 1566 David Rizzio, el secretario personal de la reina, víctima del complot urdido por su esposo, Lord Darnley. El italiano fue apuñalado cincuenta y seis veces y arrastrado ignominiosamente por el suelo. Los techos, cubiertos con destacados artesonados de roble, ostentan símbolos heráldicos labrados con minucioso detalle. En la cámara de la reina se exponen, asimismo, bordados y labores de tapicería realizados por la soberana durante los largos días de su cautiverio en Inglaterra. Otra de las piezas destacadas es su retrato en miniatura, obra del pintor francés François Clouet.

Las dependencias que componen el palacio de Carlos II, **State Apartments**, están recubiertas con paneles de madera de roble y se decoran con tapices flamencos, holandeses y otros procedentes de la manufactura francesa de Gobelinos (siglos XVI XVII), pinturas de carácter ornamental y retratos. Los techos ostentan una notable labor de estuco, que alcanza su más alta cota de refinamiento en el Morning Drawing Room, donde aparecen las iniciales de Carlos II. El Evening Drawing Room está decorado con una completa colección de tapices flamencos del siglo XVIII. El diseño del comedor (The Royal Dining Room) se debe a Robert Adam. El piso primero del ala norte del palacio está ocupado por la Great Gallery, una imponente sala destinada a los banquetes y grandes ceremonias oficiales. Ocupan sus muros los retratos de los reyes escoceses. El artista holandés Jacob de Wet se encargó de representar en sus lienzos (168486) el linaje de la monarquía escocesa, desde sus míticos orígenes, en tiempos del rey Fergus Mor. El mismo pintor decoró el techo del King's Closet.

Emplazada en el extremo noreste del palacio, la abadía fue el lugar de enterramiento de algunos miembros de la familia real; asimismo, varios monarcas de la dinastía Estuardo contrajeron matrimonio en el templo. En 1687, Jacobo VII restauró la iglesia para convertirla en capilla de la Orden del Cardo. Un año después, tras ser saqueada por los presbiterianos, quedó en total abandono. En época de Carlos I se emprendió una nueva reforma; se colocó una cubierta de piedra y se abrió la gran ventana del lado este. El derrumbamiento del tejado en 1768 causó graves destrozos en la estructura.

El único recuerdo de la abadía románica fundada por David I es la portada del ángulo sureste de la iglesia, que daba acceso al claustro. El resto de estas evocadoras ruinas corresponden a un templo de tres naves, construido a finales del siglo XII y comienzos del XIII en estilo gótico temprano. En la nave meridional se conserva una arquería apuntada, que contrasta con la que decora la nave septentrional, compuesta por arcos de medio punto plenamente románicos. De las dos torres que flanqueaban el pórtico sólo queda la del lado norte. La portada está compuesta por una arquivolta finamente esculpida, como el resto de la fachada. Esta decoración corresponde, en su mayor parte, al siglo XIII, con añadidos del XVI y XVII. Del resto de las dependencias monásticas únicamente quedan los vestigios de la galería norte del claustro y trazas de la sala capitular.

ALREDEDORES DE HOLYROOD

Holyrood está emplazado en un inmenso parque, que incluye lagos naturales y artificiales. El perímetro del parque está rodeado por Queen's Drive, desde donde parte un sendero que conduce a ***Arthur's Seat***. El ascenso a este volcán extinguido ofrece una vista extraordinaria: la abadía y el palacio en primer término, toda la ciudad, gran parte del estuario del Forth e, incluso, en los días claros, las montañas más meridionales de las Highlands.

Más allá de Dunsapie, se encuentra Duddingston Loch, un lago en cuyas orillas se asentó antiguamente una comunidad de tejedores. Actualmente, **Duddingston** es un barrio de Edimburgo; su iglesia conserva parte de la fábrica original del siglo XII, de estilo románico.

EL RESTO DE OLD TOWN: AL SUR DE LA ROYAL MILE

A partir de George IV Bridge, en la esquina de Parliament Square y Lawnmarket, el recorrido por el casco antiguo de Edimburgo se adentra hacia el sur; la vieja ciudad reserva todavía muchas sorpresas.

COWGATE: hacia el este y discurriendo paralela a Royal Mile hasta su intersección con St. Mary's Street, es una de las calles más antiguas de la capital escocesa. En el siglo XVI fue el centro de un célebre y prestigioso barrio situado fuera del recinto amurallado. Las obras emprendidas en los siglos XVIII y XIX para comunicar Old Town con el área de ensanche del norte, afectaron notablemente a esta calle, que quedó a un nivel inferior, como consecuencia de la construcción de dos viaductos. En el siglo XIX, el abandono y la decadencia habían convertido a Cowgate en un área degradada, cuyos habitantes sobrevivían en pésimas condiciones de salubridad. En la actualidad, este sombrío pasaje está experimentando un lento proceso de recuperación.

ST MAGDALEN CHAPEL: 41 Cowgate, en el sector occidental de Cowgate. Horario: de lunes a viernes, de 9.30 a 16.00. Entrada libre. Construida en 1547 y situada bajo la jurisdicción de un gremio de artesanos al que pertenecían, entre otros, los orfebres, fue uno de los núcleos más activos de la Reforma y, probablemente, el lugar de reunión de la primera Asamblea General de la Iglesia de Escocia. A comienzos del siglo XVII se añadió la torre. En su interior, se conserva en su emplazamiento original una de las escasas vidrieras que sobrevivieron al afán iconoclasta reformador.

GRASSMARKET: en su extremo occidental, Cowgate conduce a este barrio asentado en la falda meridional del castillo. El lugar estuvo destinado al mercado de ganado y, hasta finales del siglo XVIII, a las ejecuciones públicas. Una cruz en el pavimento, en dirección a Victoria Street, señala el antiguo emplazamiento del patíbulo, donde muchos Covenanters fueron ajusticiados. Grassmarket fue esce-

nario de diversos episodios turbulentos de la historia de Edimburgo. Además, su nombre está asociado a las andanzas de una siniestra pareja: William Burke y William Hare que tenían su guarida en uno de los patios del barrio, muy cerca de West Port, en el extremo suroeste de la plaza, donde se levantaba la puerta occidental de la ciudad. Al servicio del célebre físico Robert Knox, Burke y Hare asesinaron a numerosas personas, cuyos cuerpos vendían a Knox para facilitar así sus investigaciones. Con la ejecución de Hare, delatado por su compañero en 1829, terminó la carrera del ilustre científico. Hoy, Grassmarket es una zona popular y animada, frecuentada por gente joven, donde abundan pubs y restaurantes.

VICTORIA STREET: calle que desde Grassmarket, asciende hacia George IV Bridge. Es una calle de trazado curvo, surgida en los años cuarenta del siglo XIX, que presenta un peculiar diseño, con arcadas inferiores ocupadas por tiendas de vivos colores. La apertura de la calle tuvo como consecuencia el derribo de algunos edificios; hoy, se conserva un núcleo de cinco viviendas antiguas, en el extremo noreste de Grassmarket.

NATIONAL LIBRARY OF SCOTLAND: George IV Bridge. La Biblioteca Nacional alberga una interesante colección de manuscritos iluminados, primeras ediciones de libros, documentos históricos, como la última carta escrita por María Estuardo, y diversos textos de algunas de las más importantes figuras de la literatura escocesa.

GREYFRIARS: nuevamente en Grassmarket, el itinerario continúa por Candlemarker Row –la calle de los candeleros–, hacia Greyfriars, cuyo nombre permanecerá asociado por siempre a los trágicos sucesos relacionados con la reforma religiosa y a la lucha por la implantación del presbiterianismo en Escocia. En 1679, mil doscientos Covenanters apresados por las fuerzas de Carlos II en la batalla de Bothwell Bridge,

fueron encerrados en el cementerio, donde permanecieron por espacio de cinco meses. En memoria del cruel episodio, se erigió un monumento en honor de los mártires de la Reforma. El recorrido por las tranquilas avenidas del cementerio permite contemplar diversas muestras de monumentos funerarios de los siglos XVIII y XIX, entre los que destaca el mausoleo de los Adam, la familia de ilustres arquitectos locales.

MONUMENTO A GREYFRIARS BOBBY: al final de George IV Bridge. Un emotivo recuerdo para el fiel perro de John Gray, que permaneció catorce años junto a la tumba de su amo. Durante este tiempo, se convirtió en la mascota de los habitantes de Edimburgo, que cuidaron de él y lo alimentaron e, incluso, erigieron para esta estatua.

GREYFRIARS KIRK: 2 Greyfriars Place. Su construcción finalizó en 1620 y está considerado el primer templo de Edimburgo levantado tras la Reforma. Ocupa el emplazamiento de una iglesia franciscana del siglo XV. En este lugar, los defensores del presbiterianismo firmaron el National Covenant el 28 de febrero de 1638; según cuenta la tradición, algunos lo hicieron con su sangre. En la sacristía se expone una de las primeras copias del documento.

En la parte oeste del cementerio de Greyfriars se conservan fragmentos del *Flodden Wall*, el muro construido para reforzar las fortificaciones de la ciudad a comienzos del siglo XVI. Desde este punto, a través de una verja que en ocasiones permanece abierta cuando la entrada está cerrada se accede a través de Lauriston Place, por el lado sur, puede contemplarse el majestuoso edificio de George Heriot's Hospital.

GEORGE HERIOT'S HOSPITAL: George Heriot (15631624), el orfebre de Jacobo IV, legó su considerable fortuna a una comunidad religiosa para que estableciera un centro de educación para niños pobres. El conjunto, proyectado por William Wallace, se construyó entre 1628 y 1659 y fue utilizado como hospital durante la ocupación de Cromwell. Actualmente, ha recuperado su pasada función de colegio. Está organizado en torno a un patio regular y constituye un magnífico ejemplo de la pervivencia del lenguaje del Renacimiento en fechas tan avanzadas, orientación característica de la arquitectura escocesa. La decoración en piedra tallada, las ventanas adornadas con bellas tracerías y un armonioso conjunto de torres, chimeneas y torreones proporcionan al edificio una apariencia elegante. La estatua de Jinglin Geordie, el sombrenombre con que era conocido Heriot, es obra de Robert Mylne.

EL BARRIO UNIVERSITARIO

El barrio universitario de Edimburgo se extiende entre Chambers Street y George Square, hacia el sur. En esta última zona se concentran la mayoría de las dependencias del campus, cuya construcción se inició a finales del siglo pasado.

CHAMBERS STREET: frente a Greyfriars se abre esta calle surgida como consecuencia de la remodelación urbana emprendida para comunicar la parte nueva de Edimburgo con el casco antiguo. Como se ha indicado, en el transcurso de estas obras se desmantelaron barrios marginales, que quedaron destruidos con la apertura de los grandes viaductos de George IV Bridge y South Bridge.

NATIONAL MUSEUM OF SCOTLAND: Chambers Street. www.nms.ac.uk. Ocupa dos edificios conectados entre si, uno moderno y otro, clásico que es el **Royal Museum**, cuya fachada representativa del estilo veneciano, ilustra la tendencia decimonónica hacia la recuperación de la arquitectura de otras épocas. El interior del museo, concebido según el modelo del Crystal Palace de Londres, es una sorprendente muestra del diseño de época victoriana, un auténtico homenaje al progreso y a los avances de la tecnología industrial del siglo XIX. En el hall principal, las columnas de acero fundido soportan una estructura de cristal, ligera e imponente a un tiempo.

En cuanto a sus fondos, son muy variados: colecciones de etnografía, ciencias naturales, tecnología, artes decorativas, escultura... En la planta principal y dentro del campo de la escultura, hay que referirse, en primer lugar, a un relieve asirio procedente del palacio de Nimrud. Asimismo, se expone una buena colección de escultura oriental. Es también interesante la sección de historia natural, con animales disecados y esquemas explicativos acerca de la evolución. En la parte dedicada a tecnología, se exhiben ingenios mecánicos de la Revolución Industrial. En la primera planta, las momias egipcias suelen atraer la curiosidad de gran número de visitantes. Alberga, además, cerámica de diversas épocas, numerosos ejemplos del arte decorativo europeo, que incluyen objetos litúrgicos de los primeros tiempos de la Edad Media, delicados marfiles y piezas esmaltadas o plata francesa del reinado de Luis XIV. Finalmente, en la última planta, puede contemplarse una extensa colección de minerales y fósiles. El **Museum of Scotland**, está situado junto al anterior, y comunicado interiormente con él, ocupa un moderno edificio inaugurado en 1998. La interesante colección está dedicada a la historia de Escocia, se remonta a los orígenes geológicos del territorio y alcanza manifestaciones contemporáneas, desde una perspectiva multidisciplinar. Para terminar la visita conviene asomarse a la terraza del edificio, que depara vistas singulares del castillo y Old Town.

OLD COLLEGE: South Bridge. Es el edificio más antiguo de la Universidad: la primera universidad de Edimburgo se fundó hacia 1581, durante el reinado de Jacobo VI. En los primeros momentos de su fundación, Old College ocupó un conjunto de dependencias ubicadas fuera de la muralla. El edificio actual fue proyectado por Robert Adam en 1789; no obstante, sería William Playfair el encargado de llevar a cabo su construcción, modificando notablemente el diseño de Adam, de cuya idea original sólo resta la fachada principal, abierta hacia South Bridge. Robert Adam había planeado dos patios simétricos, de los cuales únicamente se edificó uno. El ingreso se realiza a través de una imponente portada flanqueada por columnas dóricas, a modo de monumental templo griego. Las fachadas de los edificios que dan al patio presentan paramentos almohadillados, esquema semejante al que aparece en Parliament Hall. La planta del patio no es estrictamente rectilínea, en los ángulos, las fachadas se curvan con elegancia. El resultado es un espacio armónico, articulado a partir de arquerías inferiores y galerías de columnas con ventanales en las plantas superiores. Los órdenes clásicos quedan integrados en una composición orgánica y racional.

En el primer piso del Old College se localiza la ***Talbot Rice Art Gallery*** (Horario: de martes a sábado, de 10.00 a 17.00. Entrada libre), la principal galería de arte de la Universidad. La parte más importante de la colección está compuesta por pintura holandesa del siglo XVII.

CAMPUS UNIVERSITARIO: los restantes edificios que componen el campus universitario de Edimburgo ocupan una vasta zona, situada al sur de Lauriston Place y en torno a Bristol Square, donde se levanta el McEwan Hall. Hacia 1760, con el inicio de la expansión de la ciudad, las clases acomodadas comenzaron a abandonar el casco antiguo y se asentaron en **George Square**. Actualmente, sólo el flanco oeste de la plaza ha preservado su apariencia original; en el número 25 vivió Sir Walter Scott. El resto se encuentra muy alterado, por la instalación de dependencias universitarias.

Más hacia el sur se extiende un inmenso parque, **The Meadows**, elegante zona de paseo que, antiguamente, perteneció al burgo de Muir.

NEW TOWN

Al norte y al oeste de Royal Mile se extiende New Town, la Ciudad Nueva, fruto de la remodelación urbanística emprendida a mediados del siglo XVIII. La expansión de Edimburgo tuvo en George Drummond uno de sus principales pioneros; en 1759 se iniciaron los trabajos de desecación del Nor' Loch, una extensión pantanosa situada a los pies del castillo. Poco después, en 1763, comenzó la construcción de North Bridge, la vía de comunicación entre el casco antiguo y el puerto de Leith, en el noreste de la ciudad. En 1766 se convocó un concurso que tenía como objetivo el diseño de un proyecto de urbanización para convertir la zona norte de la ciudad en un área residencial. Un joven arquitecto, James Craig, resultó ganador. El diseño de Craig consistía en un trazado en cuadrícula, organizado a partir de amplias avenidas rectilíneas, jalonadas por espacios verdes. El eje principal, George Street, quedaba limitado en sus extremos por sendas plazas, Charlotte Square al oeste y St. Andrew Square en el extremo oriental. Paralelas a George Street, se planearon otras dos calles principales, Princes Street, al sur, y Queen Street, al norte. Entre éstas y George Street se abrieron vías secundarias: Thistle Street y Rose Street.

La búsqueda de un modelo homogéneo para los edificios, con altura y anchura determinadas por una estricta normativa, culminó en la elección del lenguaje arquitectónico del Neoclasicismo, encarnación de orden y racionalidad. Con evidente sentido estético, se concedió una especial relevancia a la perspectiva urbana; las construcciones de Princes Street y Queen Street ocuparon sólo una de las aceras, para evitar que las residencias ocultaran la magnífica panorámica del castillo y la ciudad vieja, por un lado, y del estuario por otro.

Poco a poco, el núcleo primitivo del proyecto de Craig fue ampliándose; a lo largo de las primeras décadas del siglo XIX la zona creció gracias a la apertura de plazas y a la construcción de *crescents* calles con trazado semicircular, en forma de media luna, glorietas y nuevos edificios que vinieron a ocupar las clases atas. Diversos arquitectos participaron en la construcción de New Town, entre ellos, Robert Adam, que intervino en la fase final del proyecto.

En su origen, New Town surgió como zona exclusivamente residencial; el Royal Exchange del casco antiguo, construido en 1753, continuó siendo el principal foco comercial y de negocios. En el transcurso de los dos siglos siguientes a su creación, esta función fue alterándose y, hoy en día, New Town concentra la principal actividad profesional de Edimburgo; comercios elegantes, oficinas, bancos y edificios oficiales han ido ocupando sus señoriales edificaciones.

PRINCES STREET

La mejor panorámica del castillo y la vieja ciudad de Edimburgo se obtiene desde Princes Street, una avenida de aproximadamente un kilómetro y medio de longitud que, hacia el sur, se abre a un extenso parque. El conjunto de ***Princes Street Gardens*** surgió tras la desecación del Nor' Loch, que quedó convertido en un núcleo ajardinado para uso privado de las nuevas residencias. En 1876 se abrieron al público y este sector de la calle quedó convertido en una zona de paseo, jalonada por estatuas de algunos personajes históricos. En princi-

pio, el área desecada se atravesaba por medio de un camino escalonado de piedra que conducía hasta Lawnmarket, en la vieja ciudad; posteriormente, se rellenó con tierra procedente de las obras de New Town, hasta configurar la extensión de terreno en pendiente conocida como *The Mound*, que puede contemplarse en la actualidad. Estas obras se prolongaron por un largo espacio de tiempo, desde 1781 hasta 1805.

Con la apertura del ferrocarril (1845), cuyas vías quedan ocultas en el extremo del parque, se inició el desarrollo comercial del área y muchas tiendas elegantes, así como algunos hoteles, se instalaron aquí. Hoy, apenas queda ninguna muestra de esta pasada opulencia; el lado septentrional de Princes Street está ocupado por comercios y anodinos edificios de apartamentos que han ido sustituyendo las elegantes construcciones de los siglos XVIII y XIX. Uno de los escasos testimonios arquitectónicos del pasado es el edificio de los prestigiosos almacenes Jenners.

SCOTT MONUMENT: East Princes Stret Gardens. Una referencia esencial de Princes Street. Horario: octubre-marzo, de 9.00 a 15.00; domingo, de 10.00 a 15.00. Abril-septiembre, de 9.00 a 18.00; domingo, de 10.00 a 18.00. Entrada de pago. El templete, diseñado por George Meikle Kemp, está rematado con un pináculo de apariencia aérea, gracias a su estructura calada, y constituye un buen ejemplo del medievalismo pintoresco del siglo XIX. Su elegancia contrasta con la robustez de los edificios neogriegos de la Royal Scottish Academy y la National Gallery of Scotland que se levantan hacia el oeste. El monumento fue erigido por suscripción pública en honor del célebre literato, en 1840. A pesar de que el proyecto de Meikle quedó en tercer lugar en el concurso, su diseño resultó elegido por tratarse de un artista local. La estatua en mármol de Carrara de Scott y su perro Maida está acompañada por un conjunto de esculturas que representan a sesenta y cuatro personajes de sus novelas y las cabezas de dieciséis poetas escoceses. Desde su terraza superior puede disfrutarse de una impresionante vista de Edimburgo.

Los jardines de Princes Street quedan divididos en dos sectores por dos de los edificios más representativos del estilo neogriego en Edimburgo, la Royal Scottish Academy y la National Gallery of Scotland, ambos edificios proyectados por William Playfair en el siglo XIX.

ROYAL SCOTTISH ACADEMY: The Mound, junto a Princes Street. www.royalscottishacademy.org. La arquitectura del edificio imita un templo dórico de sólida apariencia. La obra fue comenzada en 1822 y, en 1836, se colocó la figura sedente de la reina Victoria como remate. Es utilizado, sobre todo en verano, como sede de diversas exposiciones.

NATIONAL GALLERY OF SCOTLAND: The Mound. www.nationalgallerys.org. Horario: de 10.00 a 17.00; jueves, hasta las 19.00. Entrada libre.

Severidad, orden y simetría son las características que definen el edificio que alberga el Museo Nacional de Escocia, para cuya construcción, que comenzó a finales de la primera mitad del XIX, Playfair recurrió al estilo jónico. Su apariencia recuerda al British Museum de Londres.

Los fondos de la National Gallery ofrecen una amplia muestra de las principales escuelas pictóricas europeas, así como un interesante colección de escultura, desde el Renacimiento hasta la época postimpresionista. Completan el conjunto mobiliario de época y piezas decorativas. La colección tiene su origen en los fondos de la Royal Institution y ha ido aumentando a partir de donaciones y adquisiciones diversas. Para más detalle sobre las obras expuestas, ver el apartado Los museos de Edimburgo. (Ver Museos).

IGLESIA DE ST CUTHBERT: 5 Lothian Road. Después de visitar el museo, el recorrido se prolonga en dirección oeste, hacia esta iglesia situada entre el castillo y el extremo occidental de los jardines. Su aspecto actual data de la reconstrucción del siglo XIX, excepto la torre, construida en 1790. En su cementerio está enterrado el escritor Thomas de Quincey (1785-1859), autor, entre otras obras, de las *Confesiones de un comedor de opio*, que vivió en Edimburgo los últimos treinta años de su vida.

REGISTER HOUSE: en el extremo noreste de Princes Street, mirando hacia North Bridge. Horario: de lunes a viernes, de 10.00 a 16.30. Entrada libre. El edificio fue proyectado por Robert Adam en 1770 y se destinó a custodiar documentos históricos. Hoy, sigue manteniendo esta función, como sede de los archivos escoceses.

El diseño recoge los elementos que definen el estilo neoclásico de Adam. La rotonda interior recrea la amplitud espacial de la arquitectura romana. La cúpula está decorada con placas de estuco y medallones de estilo antiguo. Frente al edificio se eleva la estatua de Wellington.

BALMORAL HOTEL: enfrente de Register House, recuerda el esplendor del pasado. El antiguo North British fue uno de los más lujosos hoteles de la ciudad. Hoy, su torre del reloj es referencia obligada para los viajeros que se disponen a tomar el tren en la cercana Waverley Station el reloj va dos minutos adelantado.

FRUITMARKET GALLERY: 45 Market Street. www.fruitmarketgallery.co.uk. Situado a espaldas de la Waverley Station, el edificio fue construido en 1938 como mercado de frutas y verduras y ha sido reconvertido en una interesante galería de arte moderno.

GEORGE STREET

El eje principal de la primera fase de construcción de New Town discurre en paralelo a Princes Street. Los cruces producidos por las vías que cortan perpendicularmente George Street están decorados con estatuas de personalidades destacadas. En dirección este se suceden magníficas perspectivas urbanas, con la silueta del castillo y la vieja ciudad de Edimburgo.

CHARLOTTE SQUARE: en su extremo occidental. Plaza de trazado regular, con jardín central, proyectada por Robert Adam en 1791. En el parque se levanta la estatua ecuestre del príncipe Alberto. El lado septentrional de la plaza constituye una de las más notables realizaciones del urbanismo de la época. La uniformidad de las fachadas se logra gracias a la repetición armónica de un lenguaje homogéneo: la parte inferior de los edificios presenta paramento almohadillado, mientras que los muros de las plantas principales aparecen lisos. Los cuerpos centrales avanzan del plano de fachada gracias a la disposición de columnas adosadas de orden gigante que, sin embargo, determinan un moderado resalte, y soportan amplios frontones. No obstante, este neoclasicismo severo hace concesiones a una ornamentación de raigambre clásica, con ménsulas que soportan cornisas de leve resalte o motivos decorativos, sin función estructural alguna, como guirnaldas. Vanos rectilíneos alternan con otros de remate curvo, que forman las características ventanas de estilo paladiano. En los tejados se eleva el perfil rotundo de las chimeneas. Verjas, farolas y limpiabarros de hierro conforman un juego visual equilibrado y de gran valor estético.

GEORGIAN HOUSE: 7 Charlotte Square. Una de las residencias más destacables del lado norte de la plaza. El edificio ha sido restaurado cuidadosamente por el National Trust of Scotland y, en tres de sus plantas, recrea con acierto la apariencia de una vivienda georgiana de finales del siglo XVIII. Mobiliario, utensilios domésticos y objetos ornamentales –plata y porcelana, fundamentalmente– proporcionan una completa visión del estilo de vida de los habitantes de New Town en los tiempos de mayor esplendor. Lienzos de Ramsay y Raeburn, así como una colección de cuadros de gabinete de la escuela holandesa del siglo XVII, constituyen lo más destacado de la decoración pictórica. Asimismo, se ha recuperado la cocina original, con dependencias destinadas a bodega y un horno para el pan. Un video explicativo sirve de introducción a la época.

NATIONAL TRUST OF SCOTLAND: 26-31 Charlote Square. www.nts.org.uk. Tras la cuidadosa rehabilitación del National Trust, los edificios han recuperado gran parte de su pasado esplendor. Además, albergan una interesante colección de obras de artistas escoceses del siglo XX. En la planta baja, tienda y café.

ST GEORGE CHURCH: en el flanco oeste de Charlotte Square. La iglesia fue diseñada por Robert Reid en la segunda década del siglo XIX. El edificio está precedido por una escalinata y un colosal pórtico formado por cuatro columnas gigantes de orden jónico, con medias pilastras adosadas al muro, y coronado por una inmensa cúpula.

La iglesia fue reformada en los años sesenta para albergar la **West Register House**, un anexo del archivo situado en Princes Street que, como éste, alberga exposiciones temporales.

ASSEMBLY ROOMS: 54 George Street. Data de finales del siglo XVIII, aunque el pórtico es un añadido posterior. Presenta una triple arcada, con un cuerpo almohadillado inferior. Los elegantes salones del edificio fueron inaugurados en 1787, con motivo de la visita de Robert Burns a Edimburgo; un siglo más tarde, Charles Dickens deleitó a su admiradores en este mismo lugar con la lectura de sus obras.

ST ANDREW AND ST GEORGE CHURCH: un poco más adelante, pasado Hannover Street. Templo de planta ovalada donde, en 1843, un grupo de clérigos, conducidos por Thomas Chalmers, provocaron un incidente que determinó la división de la Iglesia escocesa en dos facciones.

ST ANDREW SQUARE: en el extremo oriental de George Street se abre esta plaza que completa el equilibrado diseño de Craig. En el centro, la estatua de Henry Dundas, el anglófilo vizconde de Melville, es obra de William Burn (1821-22) y se inspira en la Columna de Trajano. Este abogado local, elegido miembro de la cámara de los Comunes en 1774, ejerció el control de la política escocesa entre 1775 y 1805, en nombre del gobernador inglés. Durante dicho periodo, trató de lograr por todos los medios –soborno incluido– el acercamiento y la reconciliación entre escoceses e ingleses. En la plaza se concentran numerosas oficinas bancarias y compañías de seguros. A pesar de que carece de la elegante armonía de Charlotte Square, se han conservado algunos edificios notables, por ejemplo, los situados en los números 2126, que constituyen una bonita muestra de la primera fase de desarrollo de New Town.

ROYAL BANK OF SCOTLAND: cerrando la plaza por el lado oriental. Fue proyectado por William Chambers, el rival de Adam, y está precedido una verja dorada. Se trata de un palacete de tres pisos adornado con blasones y un friso a nivel del tejado. En el interior, destaca el magnífico vestíbulo de entrada, coronado con cúpula, un añadido del siglo XIX.

ST DAVID STREET: su nombre recuerda a uno de los más insignes habitantes de New Town, el filósofo David Hume, que se trasladó a la zona residencial en los primeros tiempos de la remodelación. Por detrás de St. Andrew Square, en West Register Street, se localiza el Café Royal, centro de las tertulias literarias en los primeros años del siglo XX. Junto a él, se alza el edificio de New Register House, precedido de una elegante verja de hierro rematada con coronas.

QUEEN STREET

Queen Street es la tercera de las vías principales de New Town, flanqueada en su lado septentrional por una vasta zona ajardinada. En su extremo oriental, en el ángulo con South St. Andrew Street, se localiza la Scottish National Portrait Gallery.

PICARDY PLACE: junto a la Scottish National Portrait Gallery, York Place se prolonga en dirección este hacia Picardy Place, lugar de nacimiento de Sir Arthur Conan Doyle, el creador del inmortal personaje de Sherlock Holmes.

MORAY PLACE: en el extremo opuesto de Queen Street, al norte de Charlotte Square, un desvío por Forest Street conduce hasta Moray Place, adornada con un jardín de diseño circular, rodeado de elegantes residencias de comienzos del siglo XIX. En el número 17 de la cercana Heriot Row, vivió el escritor Robert Louis Stevenson.

SCOTTISH NATIONAL PORTRAIT GALLERY: 1 Queen Street. www.nationalgalleries.org/portraitgallery. Horario: lunes a sábado, de 10.00 a 17.00. Entrada libre. Este original edificio, proyectado a finales del siglo XIX por Sir Robert Rowand Anderson, recrea el diseño gótico del palacio veneciano de los Dogos. La fachada está decorada con numerosas estatuas de escoceses célebres, mientras el vestíbulo de entrada ostenta un friso ornamental que compone una ilustre galería de protagonistas del pasado nacional. La decoración mural reproduce, asimismo, diversos episodios históricos.

Los fondos del museo están formados exclusivamente por retratos de personajes escoceses: reyes, escritores, filósofos, políticos, héroes nacionales o gentes del pueblo llano, protagonistas todos ellos de la vida cotidiana y de la historia de Escocia. Robert the Bruce, Mary, Queen of Scots, Bonnie Prince Charlie, David Hume, Sir Walter Scott o Robert Burns son algunas de las figuras que componen este recorrido por el pasado. Entre los pintores representados, hay artistas locales, del resto de Europa y norteamericanos. Los más destacados, Van Dyck, Gainsborough, Lawrence, Ramsay, Nasmyth, Dadd, Reynolds, Raeburn, Turner o Kokoschka. (Ver Museos).

CALTON HILL

A partir de 1810, Edimburgo, la «Atenas del Norte», escogió el lenguaje arquitectónico neogriego para continuar el proceso de ampliación y embellecimiento de New Town. El conjunto de edificios construidos en Calton Hill, una colina de origen volcánico, conforma una especie de acrópolis en miniatura, uno de los más significativos ejemplos del estilo clásicoromántico de toda Europa, comparable a Berlín, Munich o Copenhague. El carácter clásico de la arquitectura de buena parte de la ciudad, se combina aquí con la inclinación hacia lo pintoresco, gracias al aprovechamiento de las posibilidades escénicas del lugar, que brinda espléndidas vistas de la ciudad.

La continuación de Princes Street hacia el este, Waterloo Place, ofrece una magnífica perspectiva de Calton Hill.

OLD CALTON CEMETERY: las tumbas de este cementerio ponen de manifiesto hasta qué punto la arquitectura funeraria escocesa de los siglos XVIII y XIX es deudora de la antigüedad. Aquí está enterrado David Hume. Los restantes edificios de Waterloo Place y Regent Road constituyen una especie de antesala a los pies de la montaña.

ROYAL HIGH SCHOOL: en la acera izquierda de Regent Road. La escuela más antigua de la ciudad, donde se formaron, entre otros,

Robert Adam, Walter Scott o Alexander Graham Bell, fue proyectada por Hamilton (182529), quien diseñó una imitación del templo dedicado a Teseo del ágora de Atenas.

BURNS MONUMENT: en el lado opuesto de la calle. Levantado en honor del poeta Robert Burns, fue diseñado igualmente por Hamilton. Es un templete circular de columnas corintias, que reproduce otra obra ateniense, la linterna de Lisícrates.

A través de una escalinata, se accede a la colina de Calton Hill, que permite obtener desde su altura panorámicas únicas: Old y New Town, el estuario del Forth y, más allá, el mar abierto.

NATIONAL MONUMENT: el elemento principal del conjunto fue concebido como una réplica del Partenón. Se erigió, según proyecto de C.R. Cocckerell y del arquitecto local William Playfair, en honor de los escoceses muertos en las guerras napoleónicas y permanece inacabado; tan sólo llegaron a levantarse doce columnas. Su aspecto de ruina contribuye a realzar el efecto pintoresco del conjunto.

NELSON MONUMENT: 32 Calton Hill. Horario: abril a septiembre, lunes de 13.00 a 18.00, martes a sábado de 10.00 a 18.00; octubre a marzo, de lunes a sábado de 10.00 a 15.00. Es una torre de planta circular consagrada a la memoria del almirante muerto en la batalla de Trafalgar.

MONUMENTO EN HONOR DE DOUGALD STEWART: dedicado al profesor de filosofía moral en la Universidad, se debe a Playfair y remeda un templo griego de planta circular.

OLD OBSERVATORY: en el extremo suroeste del recinto cerrado se levanta el observatorio de James Craig, el primer edificio construido en la colina, que sería reemplazado posteriormente por el New Observatory de Playfair (1814-18). La base de Calton Hill está rodeada en sus los lados sur, este y norte por la curva que describen Regent Terrace, Calton Terrace y Royal Terrace; el conjunto, de estilo severo e inspiración griega, fue diseñado por Playfair. Sus obras se desarrollaron entre 1820 y 1860. Toda la zona constituye una elegante área residencial, donde pueden observarse los mismos detalles arquitectónicos y decorativos del núcleo primitivo de New Town.

EL NORTE Y EL OESTE DE NEW TOWN

El primer foco de expansión del proyecto original de New Town se extiende al norte de Queen Street; el núcleo queda limitado por India Street al oeste, Broughton Street al este y Fettes Row al norte. Los trabajos se iniciaron en 1801 y, en la actualidad, la zona mantiene casi intacto su aspecto original, ya que ha conservado en gran medida su primitiva función residencial. Siguiendo por Dundas Street se llega a Cannonmills y, después del río Leith, a Howard Place; en el número 8 se encuentra la casa natal de Robert Louis Stevenson.

El área occidental de New Town fue la última fase de construcción de New Town. Lo avanzado de la fecha –hacia 1822– determinó una menor fidelidad a los principios neoclásicos originales y la incorporación de numerosas adiciones propias de la arquitectura victoriana. El planeamiento de calles rectilíneas se vio sustituido ocasionalmente por trazados curvos, que definen medias glorietas denominadas *crescents*. Al norte de Charlotte Square, Randolph Crescent, Ainslie Place y la mencionada Moray Place, son buenos ejemplos.

DEAN BRIDGE: junto a Randolph Crescent, Quensferry Street conduce, en dirección noroeste, a este puente construido en 1832 por Telford para salvar el río Water of Leith.

DEAN'S VILLAGE: a la izquierda del Dean Bridge. Una antigua comunidad de callejuelas pavimentadas donde se han conservado algunos viejos molinos, transformados hoy en modernos apartamentos. Los que queráis conocer el Edimburgo más secreto y bucólico, haréis bien en descender y seguir el curso del río durante un tramo.

ST MARY'S EPISCOPAL CATHEDRAL: Palmerston Place. Desde Queensferry Street, un desvío hacia el suroeste por Melville Street, conduce a esta iglesia construida en la década de los setenta del XIX. Su diseño, una reinterpretación del estilo gótico temprano inglés, fue debido a George Gilbert Scott. Las tres agujas exteriores y la labor escultórica del interior componen lo más destacado del conjunto.

THE SCOTTISH NATIONAL GALLERY OF MODERN ART: 74 Belford Road. Horario: de 10.00 a 17.00. Entrada libre. Dedicado al arte del siglo XX, el museo ocupa el edificio neoclásico del antiguo John Watson's School, situado en medio de un extenso parque en el que se exhiben esculturas de artistas tan señalados como Henry Moore, Anthony Caro, Barbara Hepworth, Jacob Epstein o el constructivista local, Paolozzi. Los cuadros expuestos en su interior cambian con periodicidad, combinándose con exposiciones temporales.

THE DEAN GALLERY: 73 Belford Road. Horario: de 10.00 a 17.00. Entrada libre. Creado en un antiguo orfanato, un enorme complejo en cuya construcción se alternan elementos antiguos con otros más modernos, producto de la restauración, desde donde además se tienen unas bonitas vistas. La parte más interesante de las obras expuestas es la correspondiente a los estilos dadaista y surrealista. Cuadros de Dalí, Delvaux, Duchamp, Giacometti, Magritte, Man Ray, Marx Ernst, Miró, Picasso, Tanguy... Por otro lado hay que reseñar las obras de Eduardo Paolozzi: esculturas, dibujos y pinturas.

STOCKBRIDGE: al otro lado del puente de Dean se ubica esta otra antigua aldea, que a pesar de haber sido absorbida por New Town, mantiene parte de su sabor y un aire peculiar, con numerosas tiendas de fruta y antigüedades.

ROYAL BOTANIC GARDEN: 20a Inverleith Row. www.rbge.org.uk; Horario: marzo a abril, septiembre y octubre, de 10.00 a 18.00; de mayo a agosto, hasta las 19.00; de noviembre a febrero, hasta las 16.00. Entrada libre. Más allá del límite septentrional de New Town se encuentra el Jardín Botánico, una extensión de terreno de más de treinta hectáreas. Fue fundado en 1670 por Robert Sibbald, el primer profesor de medicina en la Universidad de Edimburgo, y el físico Robert Balfour. Tuvo como primer emplazamiento la abadía de Holyrood, hasta que, en 1676,

se trasladó a un terreno situado en el mismo lugar donde hoy se levanta la estación de Waverley; finalmente, en 1820, ocupó su ubicación actual, en la orilla izquierda del río Leith. La mejor época para ver los rododendros en flor, una de sus principales atracciones, son los meses de abril y mayo. El jardín alberga, además, orquídeas, nenúfares gigantes, altísimas palmeras y numerosas especies exóticas traídas de diversas partes del globo.

MUSEOS

DEAN GALLERY: 73 Belford Road. www.nationalgalleries.org Horario: de 10.00 a 17.00. Entrada libre. Creado en un antiguo orfanato. La parte más interesante de las obras expuestas es la correspondiente a los estilos dadaista y surrealista. Cuadros de Dalí, Delvaux, Duchamp, Giacometti, Magritte, Man Ray, Marx Ernst, Miró, Picasso, Tanguy... Por otro lado hay que reseñar las obras de Eduardo Paolozzi, esculturas, dibujos, pinturas.

EDINBURGH OLD TOWN WEAVING CENTER: Castlehill. Enfrente del Scotch Whisky Heritage Center. Horario: de 9.00 a 17.30. Emplazado en un antiguo depósito de agua para el abastecimiento de la ciudad, el recorrido permite asistir al complejo proceso de confección textil que culmina en la elaboración del tartán tradicional. Hay exposiciones de artesanía, muestras de tejidos característicos de las Highlands y una tienda especializada.

EDINBURGH DUNGEON: 31 Market Street. www.thedungeons.com. Entrada de pago Horario: de abril a octubre, de 10.00 a 17.00; de noviembre a marzo, de 11.00 a 16.00. Una exhibición sobre los aspectos más macabros y escabrosos de la historia de la ciudad, con recreaciones teatrales y efectos especiales.

MUSEUM OF CHILDHOOD: 42 High Street. Horario: de lunes a sábado, de 10.00 a 17.00; domingos de julio y agosto, desde las 12.00. Entrada libre. Cita ineludible para niños y nostálgicos de la infancia, ya que el museo cuenta con una amplia colección de juguetes de todas las épocas y países, libros y trajes infantiles.

MUSEUM OF EDIMBURGH: 142 Canongate. www.edinburgh.gov.uk/museums Horario: de lunes a sábado, de 10.00 a 17.00; en agosto, domingos de 12.00 a 17.00. Entrada libre. El principal museo de historia local ha sido instalado en la Huntly House, un edificio del siglo XVI acondicionado para albergar los fondos. Cuenta con salas dedicadas a los diferentes periodos históricos, donde se expone mobiliario y objetos decorativos, cerámica o piezas de vidrio. Entre otras curiosidades, pueden contemplarse viejos letreros de tienda de la ciudad. Además, el museo conserva un ejemplar del National Covenant de 1638.

NATIONAL MUSEUM OF SCOTLAND: Chambers Street. www.nms.ac.uk. Ocupa dos edificios comunicados entre si, uno clásico que es el Royal Museum y otro, moderno que es el Museum of Scotland, ocupa un moderno edificio inaugurado en 1998. La interesante colección está dedicada a la historia de Escocia, se remonta a los orígenes geológicos del territorio y alcanza manifestaciones contemporáneas, desde una perspectiva multidisciplinar. Para terminar la visita conviene asomarse a la terraza del edificio, que depara vistas singulares del castillo y Old Town. El **Royal Museum** cuenta con fondos muy variados e incluyen colecciones de etnografía, ciencitas naturales, tecnología, artes decorativas, escultura… En la planta principal y dentro del campo de la escultura, hay que referirse, en primer lugar, a un relieve asirio procedente del palacio de Nimrud. Asimismo, se expone una buena colección de escultura oriental. Es también interesante la sección de historia natural, con animales disecados y esquemas expliucativos acerca de la evolución. En la parte dedicada a tecnología, se exhiben ingenios mecánicos de la Revolución industrial. En la primera planta, las momias egipcias suelen atraer la curiosidad de gran número de visitantes. Alberga, además, cerámica de diversas épocas, numerosos ejemplos del arte decorativo europeo, que incluyen objetos litúrgicos de los primeros tiempos de la Edad Media, dedicados a marfiles y piezas esmaltadas o plata francesa del reinado de Luis XIV. Finalmente, en la última planta, puede contemplarse una extensa colección de minerales y fósiles; hay también secciones consagradas a la zoología, así como muestras del arte musulmán, chino y japonés.

NATIONAL GALLERY OF SCOTLAND: Princes Street. The Mound. www.nationalgalleries.org Horario: de 10.00 a 17.00; jueves, hasta las 19.00. Entrada libre. Los fondos de la National Gallery ofrecen una amplia muestra de las principales escuelas pictóricas europeas, así como un interesante colección de escultura, desde el Renacimiento hasta la época postimpresionista. Completan el conjunto mobiliario de época y piezas decorativas. La colección tiene su origen en los fondos de la Royal Institution y ha ido aumentando a partir de donaciones y adquisiciones diversas.

PLANTA BAJA

La sala I está consagrada a la pintura italiana renacentista. El visitante puede contemplar un retrato de Andrea del Sarto, la *Adoración* de Jacopo Bassano y, especialmente, una serie de lienzos de Tiziano, de tema mitológico *(Venus saliendo de las aguas)* y religioso *(Sagrada familia con San Juan Bautista).* Del mismo autor se expone un cuadro alegórico de marcada sensualidad, *Las tres edades del hombre*, y un interesante lienzo, atribuido, que representa a dos niños con instrumentos musicales.

En el arco que sirve de acceso a la sala II hay dos estelas funerarias, una de época griega, datada en el siglo IV a.C. y otra romana, del siglo II.

La sala II también exhibe, en su mayoría, obras venecianas. Destaca la pareja de lienzos de Tiziano, *Dia-*

na y Acteón y *Diana y Calisto*, pintados para el rey Felipe II de España; los personajes aparecen inmersos en un paisaje salpicado de ruinas clásicas, con celajes de azul intenso. Merece remarcarse, asimismo, el tono aterciopelado de los cortinajes. El gusto de Tintoretto por los valores escultóricos de la anatomía puede apreciarse en las figuras de su *Descendimiento*; la Virgen aparece en primer término y su rostro expresa la tensión contenida del momento. Completan la sala algunos lienzos de Veronés de tema religioso y mitológico *(Marte y Venus)*, de Bassano *(Expulsión de los mercaderes del templo)* y de Procaccini *(Crucifixión)*, así como bustos romanos.

La sala III alberga obras de un nutrido grupo de artistas holandeses y flamencos. Lienzos de pequeño tamaño, llenos de delicadeza, con escenas de interior; retratos realistas de tipos populares y burgueses acomodados, y bodegones. De manera general, los paisajistas holandeses –Hobbema, Seghers– sitúan la línea del horizonte muy baja, recurso que permite una gran amplitud de celajes y un extenso espacio para el desarrollo de las escenas. Las obras flamencas combinan la pintura de paisaje con los temas costumbristas, situando episodios cotidianos en escenarios que, en ocasiones, presentan una apariencia fantástica. También hay muestras de pintura italiana, entre las que puede citarse una *Magdalena penitente* del barroco Pietro da Cortona, que aparece representada en el paisaje acartonado, característico del artista.

La sala IV está consagrada a la pintura del siglo

XVII en el sur de Europa y cuelga una de las obras más significativas del museo: *Vieja friendo huevos,* de Velázquez. El naturalismo del pintor sevillano encuentra su máxima expresión en este lienzo, donde las calidades de los objetos están hábilmente plasmadas. A su lado, una misteriosa composición de El Greco, de tema alegórico y extraño significado, donde aparecen dos figuras humanas y un mono, símbolo del diablo. Mucho más convencional es *El Salvador del mundo*, que presenta el misticismo y la intensidad característicos de su estilo maduro. La escuela española está, asimismo, representada, con una *Inmaculada Concepción* de Zurbarán, pintada como parte del programa decorativo del monasterio cartujo de Jerez de la Frontera, en Cádiz. Muestras del clasicismo del mismo periodo son la *Adoración de los Pastores,* del boloñés Domenichino, y *Paisaje con Apolo, las Musas y el río God*, un lienzo de gran formato pintado por Claudio de Lorena, pintor francés establecido, como su contemporáneo Poussin, en Roma.

La sala V, una estancia de pequeño tamaño que se abre a l derecha del recorrido principal, alberga la serie de *Los Siete Sacramentos,* obra del artista francés del siglo XVII, Nicolas Poussin. El conjunto recrea escenas de la vida de Jesús y de los primeros cristianos.

La sala VI concentra la pintura holandesa del siglo XVII. La preocupación por el detalle puede apreciarse en la obra de Vermeer, *Cristo en casa de Marta y María*; el retrato de *Verdonck*, de Frans Hals, representa con agudo realismo un tipo popular, mientras que la soltura de la pincelada sitúa a su autor como precursor del impresionismo. Entre las pinturas del género paisajístico, destaca una escena a orillas de un río, obra de Van Ruysdael, con numerosos personajes de pequeño tamaño que realizan sus tareas cotidianas o, simplemente, dejan transcurrir sus ratos de ocio. La obra principal de la sala es un *Autorretrato* de Rembrandt. El artista está representado en la edad madura cincuenta y un años, con rostro serio. Aparece rodeado de un aire de misterio, emergiendo de las sombras. El resto de los lienzos plasman con idéntico realismo vistas interiores de diversos templos, como la *Catedral de Amsterdam*, de E. de Witte.

La sala VII vuele a mostrar obras de los mismos artistas. La habilidad de Rembrandt en la captación de las diversas calidades de los objetos –el encaje del cuello, el brillo de los adornos dorados– queda reflejada en el retrato de una joven dama. Semejante dominio técnico puede apreciarse en los retratos de Halls, artista especialmente dotado para representar los matices del color negro. En los paisajes de Hobbema aparecen sus características figuras de pequeño tamaño y aire popular. El gusto por los temas costumbristas tan característico de la pintura holandesa queda patente en *La escuela para niños y niñas*, obra de Jan Steen. Por su parte, Gerard Terborch representa otra escena doméstica, una lección de canto, ambientada en un interior burgués. Completan lo expuesto en la sala algunas naturalezas muertas.

La sala VIII está dedicada a los representantes del impresionismo y postimpresionismo francés: Monet, Seurat, Pisarro, Sisley... Entre las pinturas más sobresalientes, merece citarse la simbólica *Visión después del sermón*, de Paul Gauguin, un canto a la religiosidad primitiva e ingenua del pueblo bretón. Formas cúbicas y líneas sencillas, próximas a la abstracción, definen las vistas de *Mont SainteVictoire* de Cézanne, precursor indiscutible del cubismo. Por su parte, Van Gogh anuncia con la pincelada tensa y pastosa de sus *Olivos*, la inquietante atmósfera del expresionismo. Finalmente, el *Retrato de Lady Agnew of Lochnaw*, de John Singer Sargent, es una buena muestra del interés de los artistas de finales del XIX por el arte japonés. En cuanto a las piezas escultóricas, además de la imagen en mármol de una *Joven madre*, obra de Rodin, destaca especialmente un bronce de Degas, que representa con delicado erotismo a una mujer tomando un baño.

La sala IX expone lienzos de la escuela barroca flamenca, en su mayoría, retratos de gran formato. Característica común a todos ellos es el porte elegante y digno de los personajes. Los más interesantes son obra de Van Dyck, que trabajó como pintor oficial de Carlos I. Frans Snyders fue uno de los pintores de naturalezas muertas más destacados de la época; sus bodegones están definidos por la profusión de elementos abigarrados. Un gran lienzo de Rubens, de brillante colorido, representa la *Fiesta de Herodes:* lujo y opulencia para dar vida a una escena mundana, la alegría de vivir, tomando como pretexto el tema bíblico. Merece una mención, asimismo, otra obra del holandés Rembrandt, *Mujer en la cama*, probable representación del tema bíblico de Sara en su noche de bodas.

La sala X está dedicada a la pintura de los siglos XVIII y XIX y exhibe, además, el grupo escultórico de *Las Tres Gracias*, obra del artista neoclásico Canova (1817). La elegancia y el refinamiento caracteriza los retratos de Ramsay –*Jean-Jacques Rousseau,* donde el filósofo aparece ataviado a la moda armenia– y Raeburn –*El Coronel Alistair MacDonnell de Glengarry*, vistiendo el traje tradicional de las Highlands–, al igual que los de los ingleses Reynolds y Gaingsborough, auténticos maestros del género. Hamilton está representado con una obra de gran formato, que encarna los valores del estilo neoclásico: *Aquiles vengando la muerte de Patroclo.* Del italiano Tiepolo se exhibe *Moisés rescatado de las aguas*, obra representativa del estilo decorativo del artista. Lo más notable del rococó francés se encuentra en la obra de Boucher, autor de tres escenas que transmiten frivolidad y alegría, y en un conjunto de pequeños cuadros de Watteau, entre los que sobresale las Fiestas venecianas.

En el arco que da acceso a la sala XI hay una magnífica muestra del arte de Hogarth, el retrato de *John Malcolm*, y un cartón para tapiz de Goya: *El médico.*

La sala XI muestra obras de Constable y Turner, los grandes paisajistas ingleses del siglo XIX. Todos los años, durante el mes de enero, la National Gallery expone su colección de acuarelas de este último pintor.

La sala XII ha sido reservada para los cuadros de temática histórica escocesa, que tiene en Raeburn a uno de sus más insignes cultivadores. Obras de gran tamaño.

PLANTA SUPERIOR

Aquí se localizan las pinturas más antiguas del museo.

La sala de la izquierda alberga una *Virgen* de Cima da Conegliano, representante de la escuela florentina de mediados del siglo XV, donde pueden apreciarse los restos de bizantinismo en el gusto por los dorados. El primitivismo de estos artistas se manifiesta, por ejemplo, en la ingenuidad de las perspectivas. La obra más notable de este sector es el *Tríptico de la Trinidad* de Hugo van der Goes (mediados del siglo XV). Estos paneles formaban parte del único cuadro de altar anterior a la Reforma realizado para la Iglesia escocesa. Fue encargado para la iglesiacolegiata de Holy Trinity por Edward Bonkil. El donante aparece representado entre los ángeles que tocan el órgano, junto a María de Gueldres, fundadora de la colegiata, ataviada como Santa Cecilia. En las caras posteriores aparecen los retratos de Jacobo III, su hijo y la reina Margarita de Dinamarca, obra de un pintor local. Enorme valor reviste, asimismo, la obra de otro de los primitivos flamencos, el *Tríptico de la* *leyenda de San Nicolás*, el popular Santa Claus, pintado por G. David. Se exhibe también un retrato de Q. Massys, ejemplo de la penetración de las formas artísticas del Renacimiento italiano en la pintura del norte de Europa; la *Alegoría del Nuevo y el Antiguo Testamento*, de Holbein, y una *Venus con Cupido* de Lucas Cranach. Las figuras de este último, llenas de erotismo, están inmersas en una atmósfera de melancolía inquietante, característica del artista.

El vestíbulo central localiza una serie de cuadritos de pequeño tamaño que ilustran la vida de los apóstoles. Pintados en el siglo XIV, aparecen enmarcados por esquemas geométricos. En este mismo espacio puede contemplarse una representación de *San Miguel y el dragón*, que permite apreciar el gusto por las superficies doradas, la rigidez y el frontalismo de las figuras, detalles característicos de la pintura con reminiscencias góticas.

La sala de la derecha conserva diversas obras del Renacimiento Italiano; de las tres pinturas de Rafael Sanzio, las más interesantes son la *Madonna de Bridgewater* y la *Sagrada Familia*, un tondo bien restaurado. Comparten el espacio con dos pequeñas tablas del taller de Filippino Lippi: una representa a *San Juan Bautista* y la segunda, una *Natividad*. Del taller del escultor Andrea del Verrochio, se expone la *Madonna Ruskin*.

PLANTA SÓTANO

Estas dependencias acogen una completísima muestra de pintores escoceses de los siglos XVII al XIX; las numerosas obras que aquí se exponen comprenden una amplia temática, que incluye escenas cotidianas de aire costumbrista, paisajes, retratos o vistas de ciudades. Asimismo, algunas están consagradas a los grandes temas históricos –en este sentido, hay que mencionar, sobre todo, las representaciones de *Mary Queen of Scots*– y literarios. Hamilton, Ramsay, Wilkie o McTaggart son sólo algunos de los artistas de la colección.

PEOPLE'S STORY MUSEUM: 163 Canongate. En la antigua prisión de ***Canongate Tolbooth***. ☎ 131 529 4057; www.edinburghmuseums.org.uk/venues/the-people-s-story; Horario: de lunes a sábado, de 10.00 a 17.00; en agosto, domingos de 12.00 a 17.00. Entrada libre. Museo dedicado a ilustrar la vida cotidiana de los habitantes de Edimburgo desde finales del siglo XVIII hasta la actualidad. La historia oral, los recuerdos y las fuentes literarias se combinan con olores, sonidos y sabores auténticos, para mostrar al visitante atractivos retazos de la historia local.

SCOTTISH NATIONAL GALLERY OF MODERN ART: 74 Belford Road. www.nationalgalleries.org. Horario: de 10.00 a 17.00. Entrada libre. Dedicado al arte del siglo XX, el museo ocupa el edificio neoclásico del antiguo John Watson's School, situado en medio de un extenso parque en el que se exhiben esculturas de artistas tan señalados como Henry Moore, Anthony Caro, Barbara Hepworth, Jacob Epstein o el constructivista local, Paolozzi. Los cuadros expuestos en su interior cambian con periodicidad, combinándose con exposiciones temporales.

La escuela pictórica de los *nabis,* caracterizada por la simplificación de la línea y la desaparición del modelado, cuenta con interesantes ejemplos de los franceses Bonnard y Vuillard. El gusto por los colores puros típico de este movimiento, tuvo su continuación en el arte *fauve,* representado en el museo por las obras de Matisse y Derain, entre otros. La violencia del colorido fue, a su vez, uno de los elementos principales que el *expresionismo alemán* recogió de los fauves. Esta característica, unida a la plasmación desgarrada de los sentimientos y emociones del artista, queda recogida en la obra de pintores de la talla de Kirchner, Rouault, Jawlensky o Kokoschka, algunos de los cuales participaron de los dos movimientos mencionados. La pintura del también expresionista Otto Dix, constituye una denuncia feroz del belicismo y la decadencia de la sociedad de la época, hecho que le valió la calificación de *artista degenerado* por parte del nazismo. Otro de los movimientos fundamentales del arte del siglo XX, el *cubismo,* está representado por obras de Braque, Picasso o Léger, artista vinculado a la escuela cubista pero que halló posteriormente otras líneas de evolución. También se iniciaron en el lenguaje cubista pintores como Delaunay o Larionov, que derivaron hacia orientaciones variadas, vinculadas a la abstracción. La pintura *surrealista* cuenta también con una interesante sección; del lirismo de Miró a la ensoñación de Magritte, pasando por obras de Ernst o Dalí. Artista inclasificable, el escultor suizo *Giacometti* combina en sus creaciones rasgos surrealistas y expresionistas. El *Pop Art* americano está representado por uno de sus más célebres intérpretes, Roy Lichtenstein.

Entre los pintores británicos que exhiben su obra en el museo, no puede olvidarse a Francis Bacon, artista ecléctico que influyó notablemente en el surgimiento del Pop. Mención aparte merece la completa exposición de obras de escoceses contemporáneos; especialmente, los denominados *coloristas.* Influidos notablemente por el arte francés, destacan los nombres de S. J. Peploe, Fergusson, Francis Cadell, o George Leslie Hunter. Por último cabe reseñar que el más universal de los artistas escoceses del siglo XX, Charles Rennie Mackintosh, también tiene consagrado un espacio en el museo.

SCOTTISH NATIONAL PORTRAIT GALLERY: 1 Queen Street. www.nationalgalleries.org/portraitgallery. Horario: lunes a sábado, de 10.00 a 17.00; domingo desde las 12.00. Entrada libre. Los fondos del museo están formados exclusivamente por retratos de personajes escoceses: reyes, escritores, filósofos, políticos, héroes nacionales o gentes del pueblo llano, protagonistas todos ellos de la vida cotidiana y de la historia de Escocia. Robert the Bruce, Mary, Queen of Scots, Bonnie Prince Charlie, David Hume, Sir Walter Scott o Robert Burns son algunas de las figuras que componen este recorrido por el pasado. Entre los pintores representados, hay artistas locales, del resto de Europa y norteamericanos. Los más destacados, Van Dyck, Gainsborough, Lawrence, Ramsay, Nasmyth, Dadd, Reynolds, Raeburn, Turner o Kokoschka.

SCOTCH WHISKY HERITAGE CENTER: 354 Castlehill; a la derecha del Ramsay Lodge. ☎ 0131 220 0441 www.scotch-whisky-experience.co.uk. Horario: de junio a septiembre, de 9.30 a 18.30; de octubre a mayo, de 10.00 a 17.00. Uno de los numerosos reclamos turísticos de Royal Mile. Una visita guiada permite, a través de montajes audiovisuales y una serie de «cuadros vivientes», una completa información acerca de los diferentes aspectos relacionados con la bebida nacional. Las distintas técnicas de elaboración, la maqueta de una destilería, una exhibición de un mezclador de whisky y un amplio muestrario de marcas –con posibilidad de degustación y compra– constituyen sus principales atracciones.

TALBOT RICE ART GALLERY: South Bridge. Old College. www.trg.ed.ac.uk. Horario: de martes a sábado, de 10.00 a 17.00. Entrada libre. La principal galería de arte de la Universidad. La parte más importante de la colección está compuesta por pintura holandesa del siglo XVII.

LADY STAIR'S HOUSE (THE WRITER'S MUSEUM): Lady Stair's Close, Lawnmarket. ☎ 0131 529 4901. Horario: de lunes a sábado, de 10.00 a 17.00; los domingos, desde las 12.00. Entrada libre. Museo consagrado a los tres grandes escritores escoceses, Robert Burns (1759-96), Sir Walter Scott (1771-1832) y Robert Louis Stevenson (1850-94). Ocupa otro edificio del siglo XVII, muy alterado en su interior, que perteneció a la condesa de Stair, conocida figura del ambiente literario de la época. Contiene retratos, manuscritos y algunas curiosidades, como el escritorio de Burns o el tablero de ajedrez de Sir Walter Scott.

ALREDEDORES

PERIFERIA DE EDIMBURGO

LEITH

El principal puerto de la costa este escocesa fue independiente de Edimburgo hasta 1920, fecha en que quedó incorporado a la capital. Se inició entonces un periodo de decadencia, con un fuerte descenso de población y la destrucción de buena parte del centro, fruto de una poco acertada remodelación urbana. A partir de los años ochenta la zona experimentó un importante renacimiento, al que no fue ajena la iniciativa hostelera, que impulsó la instalación de pubs y restaurantes, hasta crear una amplia concentración de servicios. Paralelamente, se emprendió la remodelación de edificios y monumentos históricos.

Aunque la actividad de sus astilleros ha cesado, el puerto de Leith ofrece al visitante no pocos atractivos; edificios de estilo neoclásico, viviendas de vecinos, el antiguo ayuntamiento y, especialmente, **Lamb's House**, una residencia del siglo XVII convertida hoy en centro de reunión de ancianos, que fue propiedad de un próspero comerciante; puede compararse al Gladstone's Land de Old Town. Según asegura la tradición, la reina María Estuardo pasó aquí su primera jornada en tierra escocesa, después de su llegada desde Francia en 1561. Por otra parte, hay quien sostiene que Leith fue el lugar de nacimiento del golf; en Leith Links, un área situada junto a la estación de policía, existió en el siglo XV un campo donde se practicaba este juego, cuyas primeras reglas escritas se dieron aquí, diez años antes que en St. Andrews.

THE ROYAL YACHT BRITANNIA: Ocean Drive. www.royalyachtbritannia.co.uk; Horario: abril-octubre, de 9.30 a 16.30; noviembre-marzo, de 10.00 a 15.30. El antiguo yate real, utilizado por Isabel II desde 1953, año de su coronación, hasta la década de 1990. Lo más interesante del barco –que atrae a verdaderas multitudes- es la Royal Family Picture Gallery y el State Dining Room, cuya visita permite hacerse una idea aproximada de la vida real a bordo.

PORTOBELLO

Uno de los atractivos del área periférica de Edimburgo es la playa de Portobello, situada 5 km al este de la ciudad. Antaño un concurrido lugar de veraneo, el paso del tiempo ha dejado en Portobello una peculiar huella de melancolía y abandono, mitigada parcialmente durante el verano por la presencia de bañistas y embarcaciones de recreo. Fuera de temporada, un tranquilo paseo por los alrededores permite al visitante empaparse de su encanto decadente.

LAURISTON CASTLE

Cramond Road South, 5 km al noroeste por la A90. Horario: abril a octubre, de sábado a jueves, 11.00 a 17.00; noviembre a marzo, de sábado a domingo de 14.00 a 16.00.

Con magníficas vistas del estuario del Forth, esta residencia campestre tiene su origen en una casatorre de estilo baronial, construida en el siglo XVI para Sir Archibald Napier, el padre del inventor de los logaritmos, John Napier. Posteriormente, fue ampliada, sobre todo durante el siglo XVII, época en que pertenecía a la familia de un rico financiero, John Law. A través de sus viajes por Europa, Law llegó a alcanzar un profundo conocimiento de los sistemas bancarios de diversos países. En 1720 fundó en Francia el primer banco con participación mayoritaria del Estado, experiencia que resultó un completo fracaso y acarreó la ruina de numerosos especuladores y la del propio Law, que acabó su existencia en Italia, en la más completa miseria.

En el siglo XIX la residencia fue ampliada y, en el XX, su propietario redecoró el interior con una notable colección de pinturas, muebles de los siglos XVII y XVIII y antigüedades, entre las que destaca una valiosa serie de tapices flamencos.

CRAIGMILLAR CASTLE

Craigmillar Castle Road, 5 km al sureste de Edimburgo. Horario: abril a septiembre, de 9.30 a 18.00; octubre a marzo, de lunes a miércoles, sábados y domingos, hasta las 16.00.

Craigmillar Castle fue una de las residencias favoritas de la reina María Estuardo y está especialmente asociada a la figura de su segundo esposo, Lord Darnley, cuya muerte fue tramada entre sus muros, parcialmente derruidos en la actualidad. Al parecer, Bothwell y los restantes conspiradores no tuvieron que esforzarse demasiado para hacer cómplice de la conjura a la soberana, profundamente afectada tras la muerte de su secretario, Rizzio.

El origen de la fortaleza se encuentra en una casatorre del siglo XIV, que fue rodeada por un doble recinto amurallado de planta cuadrangular, rematado en los ángulos por torres cilíndricas. En los siglos siguientes se añadieron a la primitiva estructura diversas dependencias, que fueron desvirtuando su forma original; el ala occidental quedó convertida, tras su remodelación, en una residencia aristocrática, estuvo habitada hasta el siglo XVIII. En el interior, lo más destacado es el Great Hall, con una magnífica chimenea de estilo gótico tardío y bancos de piedra junto a las ventanas.

BUTTERFLY AND INSECT WORLD

Dobbies Garden Centre, Lasswade. Horario: verano, de lunes a viernes, de 9.30 a 17.00; sábado y domingo, desde las 10.00; invierno, de 10.00 a 16.30.

Los amantes de las mariposas y los insectos tienen una cita obligada en este exótico paraíso consagrado a estos pequeños y curiosos animales, de colorido fascinante.

EDIMBURGH'S ZOO

134 Corstorphine Road. Murrayfield. www.edinburghzoo.org.uk/ Horario: abril a septiembre, de 9.00 a 18.00; octubre a marzo, de 9.00 a 17.00 de noviembre a febrero de 9.00 a 16.30.

Creado en 1913, es el más importante zoológico de Escocia y acoge el mayor estanque de pingüinos del mundo. Entre abril y septiembre y, si el tiempo lo permite, de marzo a octubre, tiene lugar el peculiar desfile de estos animales, una de las principales atracciones del parque. Además, rinocerontes blancos, osos pandas y alguna que otra boa. Entre las especies nativas, el gato salvaje o el águila dorada son las estrellas.

AL OESTE DE EDIMBURGO

DALMENY

Once kilómetros al norte de Edimburgo por la A90, la villa de Dalmeny creció alrededor de la **St Cuthbert Church**, iglesia románica construida a mediados del siglo XII. Especialmente destacada es la portada meridional, primitiva entrada al templo, formada por un arco de medio punto con decoración de animales fantásticos y arcos entrelazados. En el interior, merece la pena detenerse en la zona del presbiterio, con pilares tallados en forma de monstruosas cabezas.

DALMENY HOUSE: horario, julio, agosto, lunes y martes, de 12.00 a 17.30, domingo desde las 13.00. La residencia de los Condes de Rosebery fue construida a comienzos del siglo pasado por el arquitecto inglés William Wilkins. El edificio es una notable realización del estilo neogótico, que recuerda la arquitectura Tudor en su pintoresca torre y en las bóvedas y techos decorados del interior. Alberga una interesante colección de obras de arte: retratos familiares de Raeburn y Millais, obras de pintores ingleses, como Reynolds, Gainsborough o Lawrence, piezas de mobiliario y objetos de arte francés del siglo XVIII, así como una serie de tapices realizados a partir de diseños de Goya. El quinto conde de Rosebery, autor de una biografía sobre Napoleón, reunió un interesante conjunto de recuerdos del emperador, que también se exponen al público.

SOUTH QUEENSFERRY

Situada alrededor de kilómetro y medio al oeste de Dalmeny por la A90, esta pequeña villa se extiende a lo largo de la orilla sur del Firth of Forth. Su calle principal, High Street, conserva un interesante conjunto de viviendas tradicionales y en ella se ha instalado un pequeño museo sobre la población. La reina Margarita cruzaba el Forth desde allí en sus frecuentes desplazamientos entre los palacios de Dunfermline y Edimburgo. Hoy, los avances de la ingeniería permiten salvarlo, en su punto más estrecho, mediante dos puentes de unos dos kilómetros y medio de longitud.

FORTH RAIL BRIDGE: el puente del ferrocarril fue construido entre 1883 y 1890 por Sir John Fowler y Benjamin Baker.

FORTH ROAD BRIDGE: una estructura suspendida mucho más reciente, ya que sus obras finalizaron en 1964.

DEEPSEA WORLD: horario, de abril a octubre, de 10.00 a 18.00; julioagosto, hasta las 18.30; noviembre / marzo, de lunes a viernes, de 11.00 a 17.00; sábados y domingo, hasta las 18.00. Un impresionante acuario provisto de un túnel submarino que permite a los visitantes un contacto casi directo con diversas especies de peces y otras criaturas marinas.

INMEDIACIONES DE SOUTH QUEENSFERRY

LA ISLA DE INCHCOLM

South Queensferry es un buen punto para emprender excursiones en barco por el estuario del Forth; las embarcaciones parten del Hawes Pier, el muelle situado junto al puente del ferrocarril, y las salidas dependen, en gran medida, del tiempo. Uno de estos cruceros se dirige a la isla de Inchcolm, donde pueden contemplarse los restos de una abadía fundada a comienzos del siglo XII por el rey Alejandro I, en agradecimiento a la hospitalidad que le brindaron los ermitaños del lugar. Es el monasterio medieval que se encuentra en mejor estado de conservación de toda Escocia; no obstante, apenas queda nada de la fábrica original, ya que sus restos corresponden a los siglos XIIIXV.

HOPETOUN HOUSE

Al oeste de South Queensferry, por la A904. Horario: de abril a octubre, de 10.00 a 17.30. Hopetoun House es una de las más notables casas solariegas escocesas. Rodeada de una vasta extensión de jardines con deliciosas vistas de la ribera del Forth, fue erigida para el primer conde de Hopetoun –la familia recibiría posteriormente el marquesado de Linlithgow– por Sir William Bruce, el mismo arquitecto que intervino en el palacio de Holyrood. Un sector de la residencia sigue habitado en la actualidad. El primer huésped real de Hopetoun House fue Jorge IV, que fue recibido en la mansión en 1822, durante un recorrido por Escocia para el que contó con un guía excepcional, Sir Walter Scott. Más recientemente, visitó la residencia la reina Isabel II.

La primera fase constructiva de Hopetoun se extendió entre los años 1699 y 1707. Bruce proyectó una estructura de dos plantas principales con basamento rústico, que hoy constituye el cuerpo central de la fachada oeste. En 1721, William Adam, antiguo alumno de Bruce, llevó a cabo la ampliación de la residencia, incorporando en el frente este un diseño barroco, con cuerpo central de orden corintio y dos columnatas curvas de espléndida apariencia, que terminan en sendos pabellones coronados por linternas. Las fachadas de estos cuerpos extremos se abren al exterior con ventanas rematadas por frontones triangulares, enmarcadas por pilastras pareadas. El conjunto, coronado por una balaustrada con urnas, resulta mucho más teatral y dinámico que lo realizado por Bruce.

La misma diferencia de lenguajes se aprecia en la decoración interior; la severidad de Bruce contrasta con la opulencia de William

Adam y sus hijos, Robert y James, que se hicieron cargo del trabajo –sobre todo, en los denominados *State Apartments*– a su muerte en 1748. El resultado es un amplio despliegue de motivos ornamentales de raigambre clásica, notable expresión del lujo aristocrático de comienzos del XVIII. Como complemento, Hopetoun House exhibe valiosas obras de arte en sus diferentes dependencias: tapices del siglo XVII, mobiliario de diversas épocas, porcelana de Meissen o pinturas de Teniers, Gainsborough, Ramsay y Raeburn, una copia de un cuadro de Rembrandt y una obra del estilo de Rubens. De las estancias decoradas por Bruce, destaca la biblioteca, cuyas paredes aparecen recubiertas con paneles de madera de pino. Garden Room, la entrada primitiva al hall, se decora con paneles de roble realzados por una cornisa dorada. En el dormitorio, adornado con pinturas y paneles de damasco, hay un suntuoso lecho rodeado por cortinajes. La denominada Bruce Staircase es una escalera octogonal cuidadosamente labrada en madera de pino. En las habitaciones que componen el núcleo de State Apartments, merece destacarse Yellow Drawing Room, donde Jorge IV armó caballero al pintor Raeburn en 1822. Sus muros están tapizados con seda amarilla y el techo decorado con dorados de diseño geométrico. El Red Drawing Room, el salón original, ostenta decoración rococó, con estucos dorados, mientras una tapicería de tonos dorados cubre las paredes de State Dining Room, que presenta una delicada cornisa ornamental en el techo.

LINLITHGOW

Situado a 25 km, aproximadamente, al oeste de Edimburgo por la M9, este antiguo burgo real, próspero centro comercial durante los siglos XVII y XVIII, alberga los restos de uno de los más emblemáticos edificios de la historia escocesa, el palacio de Linlithgow. El núcleo de la villa se situaba en torno al Ayuntamiento, destruido por Cromwell, y la plaza del mercado, con la característica Mercat Cross –la actual es una réplica decimonónica de la original–.En la calle principal, High Street, se conservan edificios rematados por gabletes escalonados, erigidos en los siglos XVI y XVII. En ella se ha instalado un museo dedicado a la ciudad y la historia del palacio. Por otra parte, en el extremo occidental de la villa, West Port House, construida en 1600, indica el lugar donde estuvo emplazada la puerta oeste de la antigua muralla.

LINLITHGOW PALACE: de visita de abril a septiembre, de lunes a sábado, de 9.30 a 17.30; domingo desde las 14.00; de octubre a marzo de lunes a sábado, de 9.30 a 12.30 y de 1.30 a 16.00; domingo, de 14.00 a 16.00.Las románticas ruinas del palacio de Linlithgow descansan a orillas de un lago, rodeadas de una extenso parque que contribuye a incrementar la belleza del conjunto. Al parecer, en este mismo emplazamiento existió en tiempos de David I una residencia real, junto a la que se edificó un santuario. La estratégica posición del lugar y la caza abundante de los alrededores debieron contribuir a su elección. Los sucesores de David I emprendieron remodelaciones y mejoras, pero en 1424 un incendio destruyó lo edificado en tiempos del rey David II. La obra actual data en buena parte del reinado de Jacobo I, que emprendió la reconstrucción entre 1425 y 1435, a su regreso tras dieciocho años de cautividad en Inglaterra.

A su vez, Jacobo IV puso en marcha una importante remodelación, cuyas obras se prolongaron entre 1490 y 1530. Durante su reinado, la brillantez de las fiestas cortesanas, donde juglares, acróbatas, danzantes o poetas se esforzaban por divertir a la aristocracia, hicieron de Linlithgow la principal residencia regia. Su hijo, Jacobo V, también pasó mucho tiempo en el palacio, que sería el lugar de nacimiento de María Estuardo, en 1542. La decadencia de Linlithgow llegó con Jacobo VI y el traslado de la corte a Londres. El ala norte fue remodelada a comienzos del siglo XVII, antes de que las tropas de Cromwell ocuparan el edificio (1650). La estancia del pretendiente Carlos Alberto Estuardo durante el levantamiento jacobita de 1745 fue el preludio del terrible incendio que destrozó las cubiertas un año después.

El conjunto, a cielo abierto, está formado por un intrincado laberinto de corredores y escaleras en forma de espiral, que ponen en comunicación las diversas dependencias. Un zaguán de planta rectangular, cubierto por sencilla bóveda y con el cuerpo de guardia a mano derecha, da paso a una galería a modo de corredor. A ella se abren las distintas estancias de la planta baja, de pequeño tamaño. Probablemente, estaban destinadas a albergar servicios de intendencia del palacio. La galería culmina en una escalera de caracol que da paso a los pisos superiores. La estancia principal de la primera planta es el **Great Hall**, en el lado oriental, que conserva una imponente chimenea tallada en piedra que el musgo ha ido cubriendo con los años. La sala, utilizada para las grandes fiestas y celebraciones, queda flanqueada por una galería corrida. Al fondo del Great Hall se ubican las cocinas y bodegas y, a continuación, un conjunto de estancias que forman el office. En el ala opuesta al Great Hall, se localizan los **Apartamentos Reales**. La austeridad actual de estas habitaciones dista mucho de su pasada apariencia; los tapices sobre los muros y las alfombras cubriendo los suelos debieron conformar un ambiente cómodo y lujoso. En la **capilla**, de finales del siglo XV, se conservan interesantes muestras de decoración tallada, tanto en los soportes, donde aparecen ángeles músicos de delicada factura, como en los paramentos, ornamentados con cruces y hornacinas. En las diversas estancias se han dispuesto paneles explicativos que informan de los detalles más interesantes del palacio e identifican cada dependencia.

La galería inferior se comunica a través de rústicas arcadas con el **patio**, precedido por la fachada renacentista de William Wallace, que fue erigida entre 1618 y 1624, durante el reinado de Jacobo VI. La **fuente** octogonal –una réplica de la misma se eleva en la explanada de Holyrood, en Edimburgo– fue construida por Jacobo V en 1530; está decorada con figuras talladas, emblemas heráldicos y cabezas en el interior de medallones. Durante las fiestas organizadas con motivo de su boda con María de Guise, manaba vino de sus caños. Las alas sur, este y oeste del patio corresponden a las obras de los siglos XV y XVI; el flanco norte se edificó en el XVII. Tras la fuente, una portada conduce, tras un pasadizo abovedado, a la primitiva entrada del palacio. Se conservan sobre los muros de este lado los gruesos anclajes que una vez sirvieron para soportar el puente levadizo. En 1535 la entrada se trasladó a su actual emplazamiento.

Junto al palacio se puede visitar la **St. Michael's Church**, un templo de planta de cruz con tres naves, consagrado en 1242. Probablemente fue un lugar de culto desde tiempos remotos. La torre, la parte más antigua del conjunto, data del siglo XIV. La nave corresponde a la reforma del siglo XV y el coro se levantó durante la siguiente centuria. El ábside es un añadido del XVII. Un extraño remate de aluminio, instalado en 1946, puede contemplarse hoy sobre la torre occidental. En el exterior, decorado con chapiteles salpicados de nichos, destaca especialmente la portada oeste, de marcada influencia francesa. Merece también atención la del lado el sur, con arquivoltas de fina ornamentación. En el interior, una bóveda de aristas cubre el porche al que se abre la portada occidental. St. Michaels conserva interesantes vidrieras, como la de los Cuatro Evangelistas, diseñada por BurneJones, o la emplazada en el transepto sur, de estilo flamígero.

INMEDIACIONES DE LINLITHGOW

BLACKNESS CASTLE: 6 km al noreste de Linlithgow. Horario: abril-septiembre, de lunes a sábado, de 9.30 a 18.00; domingo, desde las 14.00; a octubre a marzo, de lunes a miércoles y sábados, de 9.30 a 16.00; jueves hasta las 12.00; domingo de 14.00 a 16.00. Ubicado en Blackness, antiguamente uno de los puertos más florecientes de Escocia, el castillo fue edificado en el siglo XV, en una posición avanzada que se asoma al estuario del Forth, sobre el que se obtienen excelentes panorámicas desde su torre norte. Hay quien asegura que, visto desde el este, la fortaleza tiene forma de galeón. Durante el siglo XVII sirvió de prisión y en ella fueron encarcelados numerosos Covenanters.

HOUSE OF THE BINNS: 3 km al este de Linlithgow. Horario: de mayo a septiembre, a diario excepto los viernes, de 1.30 a 17.00. El origen de la actual mansión, que ocupa una posición dominante frente al estuario del Forth, data de comienzos del siglo XVII, cuando Thomas Dalyell, un comerciante enriquecido al amparo de la corte londinense de Jacobo VI, adquirió la propiedad y emprendió su remodelación. En su interior, House of the Binns alberga interesantes pinturas, entre ellas, retratos de Ramsay, así como piezas de porcelana y mobiliario. Destaca asimismo la decoración de los techos del Drawing Room, High Hall y King's Room, trabajados en estuco.

TORPICHEN PRECEPTORY: 3 km al sur de Linlithgow. El lugar está asociado a los Caballeros de la Orden de San Juan de Jerusalén, establecida aquí en 1153 por David I. Del templo primitivo sólo resta la torre central y el transepto, cubierto con bóvedas nervadas. En el lugar donde se alzaba la nave se añadió, en el siglo XVIII, una iglesia. En el transcurso del siglo XV se incorporó la decoración de gabletes escalonados que hoy pueden contemplarse en el exterior. Las ruinas de las dependencias de la primitiva fundación se localizan al norte del templo.

CAIRNPAPPLE HILL: 5,5 km al sur de Torpichen. Este interesante yacimiento arqueológico comenzó a excavarse a mediados de siglo. El conjunto central, formado por un montículo elevado, fue centro de culto y enterramiento en diferentes fases de ocupación. Los restos más antiguos, hoyos donde se han hallado vestigios de prácticas crematorias, tienen unos 2500 años de antigüedad. Hay también cámaras funerarias de la Edad del Bronce y tumbas de la Edad del Hierro.

AL SUR DE EDIMBURGO

Al sur de Edimburgo se localiza el antiguo condado de Midlothian, un área montañosa dominada por las Pentland Hills al oeste y las Moorfoot Hills. La zona, eminentemente rural, está jalonada por antiguas poblaciones mineras, hoy en completa decadencia.

DALKEITH

Situada a unos 10 km al sureste de Edimburgo, en el cruce de las carreteras A68 y A7, Dalkeith es una animada localidad comercial de aire victoriano, que tiene su origen en un burgo medieval desarrollado al amparo de los Buccleuch y los Douglas. La residencia de estos últimos, **Dalkeith Palace,** es un edificio dieciochesco de estilo paladiano, ubicado en medio de un parque, pero permanece cerrado al público. Su antigua capilla es hoy la iglesia episcopaliana de St. Mary, que alberga en su interior valioso mobiliario. Hacia el norte, el Montagu's Bridge, que salva el River North Esk, fue diseñado por Robert Adam (1792). En High Street, puede visitarse **St Nicholas Buccleuch Church,** cuya parte más antigua corresponde a la reforma emprendida por James Douglas, primer conde de Morton, en el siglo XV. La nave y el transepto fueron reformados en el XIX Lo más destacado del conjunto es el coro, de estilo gótico tardío.

INMEDIACIONES DE DALKEITH

NEWBATTLE ABBEY: kilómetro y medio al sur de Dalkeith, en la orilla oeste del río South Esk. Son los restos de una abadía cisterciense fundada en 1140 por David I. La antigua cripta es lo más interesante del conjunto, que ha sido transformado e incorporado a una residencia de estudiantes.

CRICHTON CASTLE: 9 km al sureste de Dalkeith, por la A68. Las ruinas de la antigua residencia de Sir William Crichton, canciller de Escocia durante el reinado de Jacobo II e instigador de la infame Black Dinner (1440) del castillo de Edimburgo, durante la cual murieron asesinados los hermanos Douglas, se elevan en la orilla oriental del Tyne. La fortaleza fue edificada por William Crichton, a partir de una casatorre del siglo XIV que ocupa el lado este. Las reformas se sucedieron posteriormente y el conjunto quedó terminado en el siglo XVI, con la construcción del flanco norte. En el ala edificada por el conde de Bothwell (1580-90) merece atención especial la talla de las piedras, en forma de puntas de diamante, a imitación del estilo renacentista característico del norte de Italia.

SCOTTISH MINING MUSEUM: www.scottishminingmuseum.com. En el pueblo de **Newtongrange**, a unos 6 km al sur de Dalkeith por la A7. Horario: de marzo a octubre, de 10.00 a 16.00. Visitas guiadas. Museo instalado en una antigua mina de carbón, Lady Victoria Colliery, y consagrado a la historia de esta actividad en la zona durante el siglo XIX. Entre otras atracciones, puede verse la máquina de vapor más grande de Escocia. Los guías son antiguos mineros.

ROSSLYN

Situada unos 11 km al sur de Edimburgo por la A701, en el límite del boscoso valle del Esk, esta tranquila villa tiene como principal atractivo la visita de la Rosslyn Chapel, uno de los más bellos ejemplos escoceses del estilo gótico tardío. Al sur de la capilla, se levantan las ruinas de Rosslyn Castle, construida en los siglos XIV y XV y remodelado posteriormente.

ROSSLYN CHAPEL: www.rosslynchapel.org.uk se visita de abril a octubre Horario de, lunes a sábado, de 9.00 a 16.00; domingo de 12.00 a 16.45. entrada de pago. El templo fue construido para William St Clair, tercer conde de Orkney, en 1446. En principio, se proyectó la construcción de una gran iglesiacolegiata en honor de St. Matthew. No obstante, este ambicioso plan quedó detenido poco después de la muerte del fundador, en 1486, por falta de fondos. A finales del siglo XVI la fábrica fue destruida y, durante la centuria siguiente, sus muros sirvieron para dar cobijo a los animales. Después de siglos de abandono, se emprendió una restauración a mediados del XIX, fecha en que se incorporó la sacristía del lado occidental.

El exterior está definido por un armónico juego de pináculos, gárgolas, doseles y arbotantes de apariencia fantástica. En el interior, los pilares, las molduras ornamentales de las ventanas y los capiteles de las columnas que separan las naves, labrados con delicadeza y detalle, combinan la decoración vegetal y figurativa. El naturalismo del artista alcanza tal grado de virtuosismo que pueden identificarse diversas especies originarias del Nuevo Mundo. Este detalle ha fomentado la leyenda, según la cual, el abuelo del fundador, navegante y aventurero, llegó a América un siglo antes que Colón.

El carácter narrativo de buena parte de las escenas figurativas ha conferido a Rosslyn Chapel el sobrenombre de 'Biblia en piedra'. En la nave norte, están representadas escenas como la *Crucifixión,* los *Doce Apóstoles,* o *Sansón derribando las columnas del templo*; en el extremo oriental, conocido como *Lady Chapel*, aparece el *Nacimiento de Cristo.* Al mismo tiempo, abundan las representaciones de carácter alegórico y simbólico, como

los *Siete Pecados Capitales,* las *Siete Virtudes Cardinales* o la *Danza de la Muerte.* Además, numerosas escenas paganas, que recurren ocasionalmente a fuentes iconográficas nórdicas. Las referencias a los St Clair no faltan; en uno de los capiteles, un miembro de la familia aparece portando la Santa Cruz, mientras que en otro, William St Clair, sostiene entre sus manos el corazón de Robert de Bruce. Completan el conjunto representaciones de ángeles, músicos, el diablo, símbolos del pecado... En suma, un amplio programa de enseñanzas que pone de manifiesto la vocación didáctica de la escultura medieval.

Una de las piezas más sobresalientes de este extraordinario conjunto es el **Prentice Pillar**, decorado con elementos vegetales de exquisita factura. Se encuentra en Lady Chapel, en el lado oriental. Cuenta la leyenda que fue realizado por un aprendiz en ausencia de su maestro; cuando éste comprobó que el trabajo del alumno superaba su propia obra, preso de la envidia, dio muerte al muchacho. En el extremo noroeste de la capilla puede contemplarse una cabeza humana con un corte en la frente; en el lado opuesto, otra cabeza representa al celoso maestro.

AL ESTE DE EDIMBURGO

SETON

Localidad situada al noreste de Edimburgo por la A1 donde se localiza la **Seton Collegiate Church.** El templo es un buen ejemplo del estilo gótico de la última etapa de la Edad Media (siglo XV), con sus aéreos arbotantes decorados con pináculos y una torre achaparrada. Las cubiertas del interior son bóvedas de cañón apuntado. La parte más antigua se sitúa en el lado oriental, donde puede apreciarse una extraordinaria decoración a base de molduras y piedra tallada. Merece especial atención la ornamentación vegetal en los capiteles de los pilares que soportan el crucero.

GLASGOW

La ciudad más habitada de Escocia se asienta a orillas del río Clyde, en la región de Strathclyde. Reputado centro industrial en el pasado, Desde el punto de vista monumental, Glasgow no puede competir con Edimburgo. No obstante, su arquitectura ofrece atractivos diversos; desde los viejos almacenes dieciochescos que han sido restaurados, hasta el encanto decadente de las residencias victorianas, antaño símbolo de prosperidad, sin olvidar el aire de modernidad que transmiten los diseños del más ilustre de los artistas locales, Charles Rennie Mackintosh. Sin embargo, el interés de Glasgow reside, fundamentalmente, en una amplia oferta cultural; no en vano fue designada Ciudad Europea de la Cultura en 1990. Algunos de los mejores museos y galerías de toda Gran Bretaña se encuentran en la ciudad –Kelvingrove, Pollock House, la Burrel Collection o la Hunterian Gallery-. Del mismo modo la apuesta por la cultura popular queda patente en una de sus principales atracciones, el People's Palace, su interesante museo de historia social. El teatro es también una actividad floreciente y con larga tradición; el Citizens' Theatre surgió en 1942, a iniciativa del escritor James Bridie, para proporcionar puestos de trabajo a los habitantes de Glasgow. El Mayfest, con sus raíces en las tradicionales fiestas de primavera de la clase trabajadora, atrajo durante un corto periodo a las primeras figuras del teatro, la música, el ballet, la ópera y las artes plásticas. Hoy, aunque bastante reducido, continúa concitando el interés popular. La Scottish Opera y el Scottish Ballet tienen su sede en el remodelado Theatre Royal; asimismo, la ciudad acoge la Scottish National Orchestra y tiene una cita anual con el International Folk Festival. No cabe ol-

vidar tampoco su reconocida vitalidad nocturna. En suma, Glasgow disfruta de muy buena salud en el capítulo de cultura y espectáculos, gracias a la puesta en marcha de un original programa de propuestas vanguardistas que afectan a todos los terrenos de las bellas artes.

LA VISITA

El centro de la ciudad se localiza en torno a Argyle Street y el área situada al norte, hacia George Square. Sin embargo, con el desarrollo de las zonas comerciales y de negocios, situadas a ambos lados, el centro ha pasado a ocupar una franja más amplia, a lo largo de la ribera norte del Clyde, desde la estación de Charing Cross, en el oeste, hasta el comienzo de Glasgow Green, en el barrio obrero del East End. El corazón medieval se localiza alrededor de la catedral. Fuera del centro, el West End, que comienza aproximadamente un kilómetro y medio al oeste de Central Station, experimentó un notable ascenso durante el siglo XIX, paralelamente a la decadencia del East End; el proceso culminó en el establecimiento de la universidad en esta zona. Al sur del río Clyde se localizan los suburbios de Gorbals y Govan.

EN TORNO A GEORGE SQUARE

GEORGE SQUARE: plaza que servirá de punto de partida para este itinerario. Se trata de un extenso espacio trazado en el siglo XIX, rodeado de edificios señoriales que constituyen la mejor manifestación del esplendor del Glasgow victoriano. En el centro de la plaza, salpicada de castaños y zonas verdes, se levanta una columna dórica coronada en su parte superior por la estatua de Sir Walter Scott.

Acompañan al escritor las efigies de otros célebres protagonistas de la historia nacional estatuas ecuestres de la reina Victoria y su esposo Alberto, de James Watt o de Robbie Burns, y un homenaje a los héroes anónimos, el Cenotafio a los Caídos, levantado en 1924. Este conjunto escultórico constituye una especie de panteón de escoceses ilustres. Antiguamente, se concentraban en la zona los hoteles más elegantes; hoy, como recuerdo del pasado, la agradable terraza acristalada del Copthorne Hotel ocupa el lado norte de la plaza.

CITY CHAMBERS: en el flanco oriental de George Square. Horario: lunes a viernes de 8.30 a 17.00. Visitas guiadas a las 10.30 y 14.30. Construido entre 1883 y 1888 e inaugurado por la reina Victoria en ese último año. El edificio encarna el lujo y la opulencia de los tiempos en que Glasgow ostentaba el título de segunda ciudad de

Buccleuch Street
Hentrew Street
Scott Street
Douglas Street
Blythswood Street
Sauchiehall Street
Cowcad
Bath Street
BLYTHSWOOD Square
Pitt Street
West George Street
St. Vincents Street
West Campbell Street
Wellington Street
Hope Street
St. Vincents Street
Bothwell Street
Waterloo Street
Pitt Street
Buchanan Street
Argyle Street
Tronga
ST. ENOCH Square
Anderston Quay Broomielaw
Howard Street
Oswald Street
Jamaica Street
Puente KING GEORGE V
Puente GLASGOW
Clyde Street
River Clyde
Clyde Place
Paisley Street
Kingston Street
Eglinton Street
Adelph
Nelson Street
Calle Centre
Norfolk Street
Bedford Street
GLASGOW CENTRO
10
9
8
7
18
6
24
5
21
23

1. City Chambers
2. Gallery of Modern Art
3. Hutchenson's Hall
4. Trades House
5. Princess Square
6. Royal Concert Hall
7. Willow Tea Room
8. McLellan Galleries
9. Glasgow School of Art
10. Tenement House
11. Strathclyde University
12. Provand's Lordship
13. Cathedral
14. St. Mungo's Museum
15. The Barras
16. Glasgow Green
17. House for an Art Lover / Burrel Collection
18. Theatre Royal
19. The Italian Centre
20. Buchanan Bus Station
21. Central Station
22. Queen Street Station
23. St Enoch Centre
24. Lighthouse
Saint Mungo Avenue
St James's Road
Cathedral Street
Cathedral Street
Rotten Row
GEORGE Square
George Street
St.
Duke Street
Ingram Street
High St. Station
Glassford St.
Wilson St.
Bell Street
Street
Osborne Street
Bell Street
Gallowgate
High
Saltmaker
Greendyke Street
London
Puente ALBERT
Jardín GLASGOW

Gran Bretaña. Fue construido siguiendo las premisas del lenguaje arquitectónico del Renacimiento italiano. Dos templetes flanquean su torre central, rematada con cúpula y decorada con pequeñas cupulillas a los lados. Una serie de frisos alegóricos completan la decoración de la fachada; en ellos aparecen representadas las cuatro naciones del Reino Unido Inglaterra, Irlanda, Escocia y Gales, a los pies de la reina, las colonias británicas y los símbolos de la Virtud, la Religión y la Sabiduría. Su interior está adornado con motivos vegetales dorados y mármoles de Italia.

MERCHANT'S HOUSE: en el lado opuesto de George Square. La cámara de comercio, es otro de los símbolos de la prosperidad y el bienestar decimonónicos. Construido en 1869, aparece coronado por un barco, réplica del célebre Bridgegate.

En la calle que limita la plaza en su lado meridional se localiza el edificio de correos, muy cerca de la oficina de turismo. Siguiendo hacia el sur por Queen Street se llega a Royal Exchange Square, una zona peatonal que comunica, hacia el oeste, con Buchanan Street. Está presidida por un ostentoso edificio de estilo neoclásico con amplios pórticos, frente al que se eleva la estatua ecuestre de Wellington.

GALLERY OF MODERN ART: Royal Exchange Square. Queen Street. ☎ 01412291996. Horario: de 10.00 a 17.00; jueves hasta las 20.00; desde las 11.00 viernes y domingo. Ubicado en un palacio cuyo primer propietario, William Cunninghame, perteneció a la élite de negociantes enriquecidos con el comercio del tabaco americano durante el siglo XVIII, los célebres Señores del Tabaco. Construido en 1780, a comienzos del siglo XIX se convirtió en sede del Royal Exchange, después acogió la Biblioteca Central y, desde

1996, alberga los fondos de arte moderno, que comprenden pintura, piezas escultóricas, creaciones interactivas y muestras de diseño. Se organizan en cuatro áreas, denominadas respectivamente Fuego, Tierra, Agua y Aire. Además, la galería organiza actividades musicales, teatrales y diversas exposiciones temporales.

MERCHANT CITY: hacia el este de George Square, por detrás de City Chambers. La ciudad comercial, ocupada en el siglo XVIII por almacenes de algodón, tabaco y azúcar, y viviendas de prósperos negociantes. Tras un intenso plan de recuperación ha recuperado su pasado esplendor. No obstante, el esfuerzo por convertir nuevamente el centro en un lugar habitado, choca con los altos precios de las viviendas. Abundan en estas calles establecimientos comerciales, bares y cafés que proporcionan cierta actividad a la zona.

HUTCHENSON'S HALL: 158 Ingram Street. Horario: 10.00 a 17.00, salvo domingo y festivos. Entrada libre. Es uno de los edificios más representativos del carácter señorial de las antiguas construcciones de Merchant City. El edificio original, un hospital, fue fundado en 1649 y demolido tras una reforma urbanística. En 1802, David Hamilton inició las obras de la actual residencia. En la fachada dispuso las estatuas de los fundadores, los hermanos Hutchenson, en el interior de sendos nichos. Cada uno de ellos está flanqueado por pórticos de columnas corintias y pilastras adosadas. En el interior, que acoge actualmente la sede del National Trust of Scotland, destaca la decoración del hall superior.

TRADES HOUSE: Glassford Street, calle perpendicular a Ingram Street. La sede del gremio de comerciantes de Glasgow. Una cúpula corona este edificio de columnas jónicas y ventanas venecianas, diseñado por Robert Adam en 1794. La institución tiene su origen en 1605, cuando un grupo de comerciantes acomodados se unieron en una corporación que incluía, entre otros, a los panaderos, jardineros, sombrereros y tejedores de la ciudad. La rica labor escultórica del edificio, ornamentado con magníficas vidrieras, es una muestra del poder y el prestigio de los gremios; en el friso que rodea los muros del Banquetin Hall están representados los diferentes sectores comerciales.

AL OESTE DE GEORGE SQUARE

El principal núcleo comercial de Glasgow se extiende desde Buchanan Street hacia el oeste, a lo largo de una serie de calles en pendiente, cuyo trazado en cuadrícula se inspiró, probablemente, en el proyecto de New Town de Edimburgo. El conjunto está formado por avenidas rectas, jalonadas a medida que se avanza hacia el oeste por grandes edificios georgianos, donde tienen sus sedes importantes instituciones financieras y de negocios. Argyle Street y Buchanan Street, que se encuentra hacia el norte con la zona peatonal de Sauchiehall Street, concentran la mayor parte del comercio. Más al sur, el área se prolonga hacia St. Enoch Shopping Centre, entre Argyle y

Howard Street, un edificio piramidal de cristal que acoge numerosas tiendas y cafés.

PRINCES SQUARE SHOPPING CENTRE: subiendo por Buchanan Street, a la derecha, se encontrará este complejo comercial, muy interesante desde el punto de vista arquitectónico. Su interior, inspirado en el estilo Art Déco, es un armónico conjunto de líneas ondulantes. El hierro y el cristal se combinan para crear un espacio ligero y elegante, consagrado al ocio.

LIGHTHOUSE: 11 Michael Lane. Horario: de 10.30 a 17.00; domingo, desde las 12.00. Un callejón conduce desde Buchanan Street hasta el antiguo edificio del Glasgow Herald, diseñado por Mackintosh y que hoy alberga el Centre for Architectura, Design & the City, interesante introducción a la moderna arquitectura de la ciudad. Además, da cabida al Mackintosh Interpretation Centre. Desde la torre que da nombre al edificio se disfruta de excelentes vistas de Glasgow.

ROYAL CONCERT HALL: al final de Buchanan Street, en su intersección con el extremo oriental de Sauchiehall Street. La sede de la Royal Scottish Orchestra, que alberga ocasionalmente exposiciones temporales, es un edificio de anodina apariencia, construido en 1990 por Leslie Martin.

SAUCHIEHALL STREET: el itinerario se adentra hacia el oeste a través de esta calle, que, en su primer tramo, es una bulliciosa zona peatonal flanqueada por numerosas tiendas.

WILLOW TEA ROOMS: 217 Sauchiehall Street. Horario: lunes a sábado de 9.30 a 16.30, domingo de 12.00 a 16.15. Una reconstrucción del edificio original, diseñado por Mackintosh en 1904 para Kate Cranston, la reina del negocio de los salones de té. Estos establecimientos estaban destinados al ocio de las clases medias; en ellos se podía jugar al billar o al ajedrez, leer en la biblioteca, mantener una tertulia o tomar un té o una cena ligera. Todos los accesorios, incluidas las cucharillas o las cartas donde figuran los menús, así como el mobiliario y la decoración fueron diseñados por Mackintosh. Las paredes están recubiertas por paneles y espejos; el color blanco, interrumpido por delicados listones negros, domina la geométrica apariencia del conjunto. El resultado es un ambiente estilizado y lleno de elegancia, donde lo funcional y lo estético se combinan en perfecta armonía.En la planta baja hay una tienda donde se venden productos típicos.

MCLELLAN GALLERIES: Sauchiehall Street, esquina con Rose Street. Horario: de 10.00 a 17.00; viernes y domingo, desde las 11.00. Ocupan un edificio de forma cúbica, rematado con una pequeña cúpula. Erigido a mediados del siglo XIX, la construcción actual es el resultado de una restauración finalizada en la década de los ochenta de nuestra centuria. Su poco afortunada fachada no debe ocultar el valor de su interior, uno de los mejores ejemplos del clasicismo arquitectónico de Glasgow. Se utiliza para exposiciones sobre temas muy variados.

CENTRE FOR CONTEMPORARY ARTS (CCA): 350 Sauchiehall Street. ☎ 0141 332 7521. info@cca-glasgow.com; www.cca-glasgow.com. El centro acoge una ecléctica propuesta cultural; desde representaciones teatrales y debates, a sesiones de danza. Cuenta además con uno de los bares más trasnochadores de la ciudad y con una interesante librería. Recomendable para los interesados en las creaciones más vanguardistas del arte contemporáneo.

GLASGOW SCHOOL OF ART: 167 Renfrew Street. www.gsa.ac.uk Calle paralela a Sauchiehall. Visitas guiadas. El edificio es la sede de un prestigioso centro de formación artística que acoge una amplia selección de los diseños, muebles y pinturas del célebre arquitecto escocés. Se trata, probablemente, de la mejor síntesis del estilo modernista de Mackintosh, que proyectó la obra con veintiocho años de edad. Se construyó a lo largo de dos etapas, en 1897-99 y 1907-09. Al exterior, la sólida apariencia de sus muros recuerda las antiguas fortalezas escocesas, mientras la simplicidad del conjunto y los grandes ventanales, constituyen soluciones de gran modernidad.

En el interior, tanto en la decoración general como en las piezas de mobiliario, predomina la ornamentación lineal, organizada a base de trazos verticales, paralelos, y formas cuadradas. Junto a este gusto por la línea, abundan los temas naturalistas, aunque estilizados e interpretados también en clave geométrica. En el vestíbulo de entrada llama la atención la enorme elevación de las ventanas: la preocupación por la luz natural fue siempre un tema central en los proyectos de Mackintosh. Sobre el hueco de la escalera pueden contemplarse los símbolos de san Mungo, en una personal interpretación de la leyenda realizada en hierro forjado. Entre las dependencias más destacadas, merecen citarse Mackintosh Room, con magníficas piezas de mobiliario, ejemplos de su estilo temprano, y, sobre todo, la biblioteca, cuyas paredes aparecen recubiertas con paneles de roble y ventanas de tres alturas. Completan la decoración lámparas colgantes, estanterías de tonalidades oscuras y una mesa central.

TENEMENT HOUSE: 145 Buccleuch Street. Horario: marzo a octubre, de 13.00 a 17.00. Al noroeste del Glasgow School of Art, el National Trust of Scotland ha acondicionado un edificio de finales del siglo pasado para mostrar al público la forma de vida característica de los habitantes de la ciudad de finales del XIX y comienzos del XX. La vivienda perteneció a una mecanógrafa que habitó en ella durante más de cincuenta años. La exposición del primer piso ofrece una acertada visión del desarrollo urbano de Glasgow, desde los humildes bloques de viviendas donde se hacinaban las familias de la clase trabajadora, hasta las mansiones más elegantes de la zona oeste. En el piso superior puede visitarse la cocina, con sus utensilios originales dispuestos como si la actividad cotidiana se hubiese visto momentáneamente interrumpida; algo semejante ocurre con el servicio de té, que parece preparado para recibir una visita de un momento a otro. En síntesis, un interesante conjunto de objetos decorativos, algunas curiosidades como un panfleto religioso enmarcado, una máquina de coser, lámparas de gas, así como piezas de mobiliario que recrean la vida cotidiana de tiempos pasados.

EL GLASGOW MEDIEVAL

Desde Queen Station, al norte de George Square, Cathedral Street se adentra en la ciudad medieval.

STRATHCLYDE UNIVERSITY: Cathedral Street, esquina con Montrose Street. Grupo de edificios construidos a comienzos del siglo XX. El centro tiene su origen en el antiguo Royal College of Science and Technology, que adquirió el rango de universidad en 1963. Ocupa el emplazamiento de un prestigioso centro de formación, el Anderson's College, fundado en 1785, donde Livingstone estudió medicina. En el extremo oriental de George Street, el itinerario asciende hacia el norte por High Street. En la acera de la izquierda se levanta una iglesia construida en ladrillo a finales del siglo pasado, Barony Church; en frente, la estatua ecuestre de Guillermo III, erigida en 1735.

PROVAND'S LORDSHIP: 3 Castle Street, prolongación de High Street. Horario: de 10.00 a 17.00; desde las 11.00 viernes y sábado. Los lunes cerrado. Se trata de la casa más antigua de Glasgow. Edificada en 1471, fue la residencia del preboste del hospital de San Nicolás. En la actualidad, alberga un museo, donde se expone mobiliario de los siglos XVI al XX, así como una interesante serie de objetos de uso doméstico.

CATHEDRAL SQUARE: la catedral de Glasgow se eleva en el centro de una explanada salpicada por diversas esculturas, entre las que destaca la del explorador David Livingstone. La plaza fue el corazón de la ciudad medieval y en ella se localizaban, además del templo, el palacio arzobispal y las residencias de los canónigos.

ROYAL INFIRMARY: Cathedral Square, lado norte. Edificio del siglo XX, que reemplazó el erigido por los hermanos Adam en 1792. Su construcción en el siglo XVIII determinó el derribo de la residencia de los obispos. El flanco sur de la plaza está ocupado actualmente por diversas residencias, la más destacada, St. Mungo's Museum of Religious Life and Art.

ST. MUNGO'S MUSEUM OF RELIGIOUS ART AND LIFE: 2 Castle Street. Horario: 10.00 a 17.00 de martes a jueves y sábado; viernes y domingo desde las 11.00. Entrada libre. El edificio que alberga el museo es una construcción moderna que imita el estilo de la arquitectura tradicional escocesa. En él se exponen objetos de culto de distintas religiones, pinturas y esculturas distribuidos entre las diferentes galerías. Las piezas más importantes del museo son el *Cristo de San Juan de la Cruz*, de Dalí, y una estatua en bronce del dios Shiva Nataraja (Señor de la Danza), de finales del XVIII o principios del XIX. Para más detalle, ver Los museos de Glasgow.

En 1993 el japonés Yasuataro Tanaka creó dentro del recinto del museo el primer jardín zen de Gran Bretaña.

CATEDRAL DE GLASGOW: Cathedral Square. Horario: abril a septiembre, lunes a sábado, de 9,30 a 17.30; domingo, de 13.00 a 17.30. Octubre a marzo, de 9.30 a 16.00; domingo, de 13.00 a 16.00. Consagrada a san Mungo, quien se supone levantó en este mismo lugar una iglesia de madera en el siglo VI, la catedral de Glasgow es uno de los escasos edificios de estilo gótico que sobrevivieron a las guerras religiosas desencadenadas tras la Reforma; el interés de los gremios locales permitió preservar este tesoro de la arquitectura medieval. Su construcción se inició en 1136; no obstante, fue destruida a finales del mismo siglo y reconstruida poco después. Las partes más antiguas, el coro y la cripta, fueron edificadas en estilo gótico temprano, durante el siglo XIII. Las obras prosiguieron durante los siglos siguientes y finalizaron en el XV, con la reconstrucción de la sala capitular y la adición de Blacader Aisle. En la misma época se erigió la torre central, rematada con aguja, y otras dos torres en la fachada occidental, hoy demolidas.

Su interior es un armónico conjunto brillantemente iluminado por vidrieras, muchas de ellas realizadas en el siglo XX. Está articulado en tres alturas, mediante arcos ojivales que alcanzan el nivel de la cubierta. El coro, de estilo gótico primitivo, permanece oculto tras un cancel magníficamente trabajado; las esculturas situadas junto a los altares representan los Siete Pecados Capitales. Especialmente valiosa es la labor escultórica de los capiteles, ornamentados con motivos vegetales, y el sistema de bóvedas que cubre el deambulatorio, al que se abren capillas; desde la que está situada en el extremo noreste se accede a la **sala capitular**, donde se impartieron las primeras clases de la universidad medieval.

La **cripta**, con acceso a través de una escalera que se sitúa al norte del púlpito, es la parte más interesante del templo. Un auténtico bosque de pilares y arcos apuntados sirven de santuario a la supuesta tumba de san Mungo, el patrón de la ciudad. En el lado oriental, en la capilla de la Santa Virgen, merece especial atención la

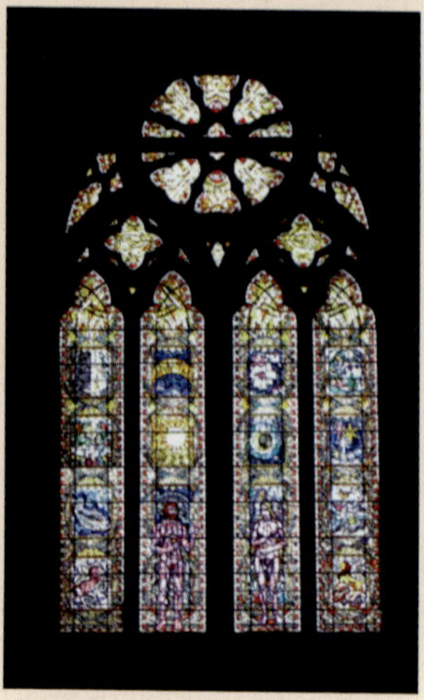

bóveda, con extraordinaria labor de talla.

La **Blacader Aisle**, en el lado sur, fue la última adición a la catedral. Se trata de una capilla, proyectada originalmente con dos pisos, construida por el primer arzobispo de la ciudad, Robert Blacader. Sólo fue terminada la parte baja. La riqueza del último gótico se hace patente en los nervios de la bóveda. En la clave está representada la leyenda del ermitaño Fergus. Según afirma la tradición, tras la muerte del eremita, san Mungo depositó su cuerpo inerte sobre una carreta tirada por dos bueyes y edificó un pequeño santuario en el lugar donde los animales se detuvieron, en el emplazamiento de la actual catedral.

NECRÓPOLIS: a espaldas del templo, con magníficas vistas, se extiende este cementerio de comienzos del siglo XIX. Al parecer, en este lugar pudo estar el primer asentamiento de la ciudad. En ella pueden contemplarse numerosos monumentos funerarios, algunos de apariencia ostentosa, que recurren en su mayoría a las premisas estéticas del neoclasicismo. En la parte más elevada se yergue, sobre una columna dórica, la estatua del reformador John Knox.

EL EAST END

Desde Gallowgate, al este de Glasgow Cross, más allá de las líneas del ferrocarril, se extiende el East End, el distrito obrero de Glasgow. La crisis económica determinó el cierre de numerosas fábricas y talleres instalados en la zona y supuso un golpe definitivo para la industria local. A pesar de los intentos de recuperación, las huellas de la decadencia y el abandono son patentes: pubs destartalados, viejas tiendas y edificios de aspecto degradado jalonan el recorrido.

THE BARRAS: entre Gallowgate y London Road se localiza este popular mercado de fin de semana, en cuyos puestos pueden encontrarse todo tipo de gangas y baratijas, ropa de segunda mano o discos. El colorido local de los tenderetes, el regateo y los espectáculos callejeros aseguran el entretenimiento.

GLASGOW GREEN: más allá de London Road, en el extremo oriental de la ribera norte del Clyde, se encontrará una amplia extensión verde que proporciona un soplo de frescura a la ciudad. Es el Glasgow Green, un parque de más de cincuenta hectáreas, que acompaña con su trazado sinuoso los meandros del río. Antigua zona de pastos comunales, lugar de ejecuciones y espectáculos públicos, escenario de desfiles militares, centro de reuniones populares y arengas políticas, Glasgow Green ha sobrevivido a la especulación y a su mala reputación, a pesar de diversos proyectos urbanísticos que amenazaban su existencia. Monumentos como Douton Fountain, una fuente de terracota que presenta un lamentable estado de abandono, o Nelson Monument, salpican sus avenidas. No podía faltar un recuerdo para James Watt, quien, según se cuenta, ideó la máquina de vapor en el transcurso de un paseo dominical por el parque.

PEOPLE'S PALACE: Glasgow Green. Horario: lunes a jueves y sábado de 10.00 a 17.00, viernes y domingo, desde las 11.00. Entrada libre. Un edificio de ladrillo rojizo abierto al público como centro cultural en 1898 alberga hoy en día el museo de historia local. Especialmente atractivas son las secciones dedicadas a la actividad comercial e industrial de la ciudad. Asimismo, la efervescencia política de Glasgow se muestra en los murales del artista local Ken Currie, que representan episodios de conflictividad laboral, desde las huelgas de finales del siglo XVIII, hasta las más recientes, ya en la presente centuria. Una parte de la exposición está consagrada a la existencia cotidiana de los habitantes de Glasgow; fotografías, objetos de uso doméstico y la propia voz de los locales ilustran su pasado.

El museo ha incorporado en su parte trasera una construcción acristalada, de planta semicircular, que alberga los **Winter Gardens**, donde pueden contemplarse exóticas especies vegetales. (Ver Museos).

TEMPLETON BUSINESS CENTER: antes de abandonar Glasgow Green, hay que mencionar otro edificio interesante; se trata del Templeton Business Center, construido en 1889 en estilo neogótico, como réplica del palacio ducal de Venecia. Antiguamente, acogió una fábrica de alfombras; hoy, es la sede de un centro de negocios.

EL WEST END

KELVINGROVE ART GALLERY AND MUSEUM: Argylle Street. Kelvingrove Park. Horario: de lunes a sábado de 10.00 a 17.00; viernes y domingo, de 11.00 a 17.00. Entrada libre.

El museo ocupa un edificio de ladrillo, una especie de castillo de apariencia fantástica construido con motivo de la Exposición Universal de 1888. La colección, compuesta a partir de donaciones de los principales industriales de la ciudad, abarca una amplia variedad de temas. Los principales hitos de la historia natural escocesa están señalados, de forma didáctica, en los anillos de un antiguo abeto de Douglas. Además, se expone una colección de armas y armaduras escocesas y del resto de Europa, así como interesantes muestras arqueológicas y etnográficas. No obstante, es la magnífica colección

de arte lo que atrae la atención de la mayoría de los visitantes. Una gran parte de las obras se han colocado en torno a la galería en un curioso montaje del siglo pasado y que obliga a mantener la atención para descubrir las obras expuestas que puedan interesar. En las salas: obras de artistas italianos, Botticcelli, Filippino Lippi, Giorgone; Canaletto, Guardi; pintura flamenca, Rubens, Bernard van Orley, Jacob Jordaens; pintura holandesa, Rembrandt, Van Ruysdael; españoles, José de Ribera; pintura francesa del siglo XIX y comienzos del XX, Millet, Daubigny, Monet, Pisarro, Renoir, Sisley, Corot, Courbet, Degas, Cézanne, Gauguin, Derain, Vlaminck, Rouault, Matisse, Braque, Picasso; pintura inglesa, Reynolds, Romney, Constable, Turner, Rossetti, BurneJones, Ford Madox Brownn, y pintura escocesa que incluye obras de Henry Raeburn, Alexander Nasmyth, Horatio McCulloch, los Glasgow Boys. Para más detalle sobre las obras y los autores, ver Los museos de Glasgow.

Por último, una de las salas de la galería está dedicada a **Glasgow 1900 Arte y Diseño**, homenaje a una época en que Glasgow era uno de los principales focos culturales de la isla.

GLASGOW UNIVERSITY: University Avenue. La universidad de Glasgow fue fundada en 1451 por el obispo William Turnbull. Las primeras clases se impartieron en la catedral y la institución fue dependiente de la Iglesia durante sus dos primeros siglos de existencia, hasta 1642. Posteriormente, se estableció en High Street, en el centro de la ciudad, donde permaneció hasta 1870. En esta fecha, los edificios fueron abandonados y destruidos, y las facultades se trasladaron a Gilmorehill, su ubicación actual, en el extremo occidental de la ciudad.

El proyecto de la moderna universidad, cuyas obras comenzaron en 1866, se debe a Sir Gilbert Scott, quien recuperó numerosos ele-

mentos de la arquitectura escocesa tradicional, como tejados de perfil escalonado, torreones circulares coronados con remates cónicos y altas torres centrales. En el interior, dispuso claustros y patios de planta cuadrangular. La falta de fondos hizo que la obra quedara detenida; su construcción fue completada por John Oldrid, hijo de Scott, con la adición del Bute Hall y la torre, ya en la década de los ochenta de la pasada centuria. En la actualidad, el complejo, que alberga ocho facultades, está integrado por edificios de nueva planta y por otros que han sido remodelados. La fachada de **Gilmorehill Building,** el edificio más antiguo del campus, síntesis del estilo neogótico del siglo XIX, se asoma a Kelvingrove Park. Las escaleras de su extremo occidental ostentan orgullosas los símbolos nacionales: el león y el unicornio.

El complejo universitario alberga el museo público más antiguo e Escocia, el Hunterian Museum, inaugurado en 1807.

HUNTERIAN MUSEUM: Glasgow University. www.hunterian.gla.ac.uk Horario: de lunes a viernes, de 9.30 a 17.00. Entrada libre. Es el más antiguo museo público de Escocia. Se encuentra en varios edificios en el campus principal de la Universidad .El museo tiene su origen en los fondos donados a la universidad por un antiguo estudiante de patología y anatomía, William Hunter. Su gusto ecléctico le llevó a reunir una variada colección de zoología, arqueología, minerales, fósiles y obras artísticas. Entre los mayores atractivos del museo figuran los restos fósiles de un dinosaurio hallado en suelo escocés. Se expone, asimismo, una interesante colección de monedas, desde las más tempranas correspondientes al siglo XII, hasta los diseños actuales. Completan los fondos diversos testimonios de época prehistórica y una completa exposición sobre las huellas dejadas por los romanos en el país. La colección de arte se encuentra separada y compone la Hunterian Art Gallery.

La galería de la universidad ocupa un edificio moderno, construido especialmente para albergarla en 1980. El núcleo principal de los fondos está compuesto por el legado de Hunter, una amplia colección de obras pictóricas del siglo XVIII. Además, acoge una extensa muestra de pintura escocesa de los siglos XIX y XX. También hay que reseñar especialmente los fondos de la Whistler Collection, la segunda más completa del mundo (cuadros y numerosos objetos relacionados con el artista estadounidense) tras la de Washington.

Mención particular requiere la **MACKINTOSH HOUSE** (Entrada de pago), una recreación de la casa del arquitecto, demolida en 1963. Desde 1906 hasta 1914, Charles Rennie Mackintosh vivió junto a su esposa, Margaret Macdonald, en el número 78 de Southpark Avenue, una típica residencia victoriana que el artista remodeló con sus diseños. Además de un conjunto de fotografías de la mansión original, pueden contemplarse las delicadas piezas de mobiliario, que son, en su mayoría, las mismas que pertenecieron a Mackintosh. Los objetos ornamentales han sido realizadas siguiendo escrupulosamente las descripciones y fotografías de la época.

La cálida decoración de las estancias, suavemente iluminadas, permiten al visitante hacerse una idea muy acertada de las características principales del estilo de Mackintosh, en el que lo funcional y lo estético se combinan con armonía. En el hall se localiza un elegante espejo diseñado por Margaret y Frances Macdonald y James Herbert MacNair, colaboradores habituales de Mackintosh. La apariencia original del comedor se vio alterada por la adición de una nueva chimenea en el muro norte. Entre los muebles, de tonos oscuros, llaman especialmente la atención las sillas, con respaldo alto. La zona destinada a estudio está compuesta por dos estancias unidas formando una planta en L. El color blanco domina el espacio, invadido por la luz natural. Algunos de los paneles decorativos fueron realizados por Margaret Macdonald. El blanco es también el tono elegido para la decoración del dormitorio, que invita al descanso y el recogimiento. Por último, en la galería alta se expone una selección de los dibujos, acuarelas y bocetos del artista, que cambian periódicamente.

BYRES ROAD: esta calle y las adyacentes, al oeste del campus universitario, conforman una de las zonas más animadas del núcleo urbano. Proliferan en el área restaurantes, pubs, gente joven y multitud de estudiantes que proporcionan un aire cosmopolita y lleno de vitalidad a la zona.

BOTANIC GARDENS: 730, Great Western Road. Horario: de 7.00 hasta el anochecer. Entrada libre.

Los deliciosos senderos del jardín botánico de Glasgow discurren junto a las boscosas riberas del Kelvin. Entre sus principales atractivos figura el **Kibble Palace** (horario de verano, de 10.00 a 16.45 h; en invierno, hasta las 16.15), un magnífico invernadero de cristal y hierro de época victoriana. Fue construido en 1863, a orillas del Loch Long, para el terrateniente John Kibble y se trasladó a su emplazamiento actual diez años después. Hoy alberga una completa colección de palmeras procedentes de diversas partes del mundo.

También merece la pena el **Main Range Glasshouse,** donde puede contemplarse una amplia colección de orquídeas, cactus y exuberantes plantas tropicales de vivos colores.

QUEEN'S CROSS CHURCH: 870 Garscube Road, esquina con Maryhill Road, al noreste del Jardín Botánico. Sin duda el mejor ejemplo de arquitectura religiosa ideado por Mackintosh. Se trata de un templo de inspiración gótica, proyectado en 1896, que presenta un aspecto exterior asimétrico, en el que destaca una robusta torre cúbica; una serie de motivos florales en forma de corazón decoran las ventanas. En el interior, puede contemplarse un delicado púlpito de roble, adornado con relieves estilizados en forma de tulipanes.

FOSSIL GROVE: Victoria Park. Visita con cita previa. ☎ 0141 287 05 01. Al suroeste del jardín botánico, en Victoria Park, se localiza este interesante yacimiento, integrado por las cepas fósiles de un bosque tropical de hace 330 millones de años.

EN TORNO AL CLYDE

GLASGOW SCIENCE CENTRE: 50 Pacific Quay. www.glasgowsciencecentre.org Horario: de 10.00 a 17.00. Entrada de pago. Inaugurada en la primavera de 2001, el centro, de diseño espectacular, y construido con titanio y cristal, está considerado la mayor atracción del milenio en Escocia. Cuenta con un amplísimo espacio para exposiciones interactivas relacionadas con la ciencia y la tecnología, un planetario, un cine IMAX (el único de Escocia) y una torre giratoria con 133 metros de altura,.

Enfrente, al otro lado del río, se localiza otro de los símbolos de la ciudad contemporánea, el **Clyde Auditorium,** conocido como el Armadillo porque su forma recuerda a este animal.

TALL SHIP & PUMPHOUSE: 100 Stobcross Road. Horario: marzo-octubre, de 10.00 a 17.00; noviembre-febrero, de 11.00 a 16.00. Entrada de pago. El *Glenlee* data de 1896 y se trata de uno de los escasos veleros construidos en los astilleros del Clyde que han llegado a nuestros días. Su visita permite hacerse una idea sobre la vida en alta mar en tiempos no tan lejanos.

THE SCOTTSH MARITIME MUSEUM: King's Inch Road. Braehead. www.scottishmaritimemuseum.org. Horario: de 10.00 a 17.00; domingo, desde las 11.00. Aunque el horario varía a lo largo del año. Entrada de pago. El museo ofrece una amplia información sobre Glasgow y el mar, especialmente en lo que se refiere al auge del comercio marítimo y la construcción de barcos. Entre sus mayores atractivos figura un velero de 1872 construido en los astilleros locales.

HOUSE FOR AN ART LOVER: Bellahouston Park. ☎ 0141 353 4770. www.houseforanartlover.co.uk Los horarios de visita cambian a lo largo del año y algunas veces está cerrado sin previo aviso , así que es aconsejable llamar por teléfono antes de irt o mandar un mail a info@houseforanartlover.co.uk Entrada de pago.

En 1901, Mackintosh se presentó a un concurso de arquitectura convocado en Alemania, con un proyecto que el artista nunca habría de ver realizado. Casi un siglo después, en 1996, la mansión ha sido construida respetando escrupulosamente el diseño original de su creador. El edificio alberga dependencias de la Escuela de Arte y se utiliza para exposiciones temporales. En las habitaciones abiertas al público se exponen los dibujos originales del proyecto.

La línea recta, combinada armónicamente con fragmentos de fachada curva, domina el diseño exterior, donde prevalece el color blanco, interrumpido únicamente por el gris en la zona de cubiertas y por leves tonos claros que resaltan las esquinas. Relieves decorativos con formas vegetales estilizadas decoran los paramentos. En el interior, destaca Oval Room, acogedora estancia destinada a las sobremesas femeninas. En el hall principal, grandes ventanales proporcionan luz natural a una zona destinada a las fiestas, mientras la iluminación de Music Room se logra mediante miradores que se abren a un amplio balcón.

POLLOK COUNTRY PARK: desde Bellahouston Park, siguiendo por Dumbreck Road, se llega a este extenso parque que acoge dos interesantes museos.

BURRELL COLLECTION: Pollock Country Park. Horario: de lunes a jueves y sábado, de 10.00 a 17.00; viernes y domingo, desde las 11.00. Entrada libre. Sir William Burrell (18611958) fue un próspero naviero que reunió una interesante colección de piezas de arte a lo largo de su dilatada vida. Su único criterio, más que el valor o el interés objetivo de las obras, fue siempre su propio gusto, hecho que explica el carácter ecléctico de su legado. Antes de su muerte, Burrell dejó estipulado que su colección de arte, escultura y antigüedades quedara a disposición del público, a condición de que fuera expuesta en un ámbito rural, lejos de la contaminación urbana, como mínimo, «a dieciséis millas del Royal Exchange».

La necesidad de cumplir sus directrices retrasó la exposición de los fondos. La solución definitiva llegó en 1960, cuando Pollok Park, una vasta extensión boscosa de propiedad privada, fue donado a la ciudad. Comenzaron entonces los planes para la construcción de un museo que acogiera la colección. En 1983 se inauguró el edificio, una sencilla y original propuesta de la arquitectura contemporánea, que recurre al empleo de amplios ventanales acristalados. Algunos fragmentos escultóricos, portadas, arcos o ventanas, se han incorporado al conjunto, de modo que forman parte a un tiempo de la propia construcción y de los fondos expuestos. Debido a la ausencia de luz natural, la galería superior es quizá, la zona menos lograda. En contraste, las salas inferiores constituyen un extraordinario ámbito de exhibición para las piezas, enmarcadas por el verdor del parque circundante. En la planta baja, además de las obras de arte, pueden contemplarse un conjunto de habitaciones que flanquean tres de los lados de un espacio cuadrangular; estas estancias, decoradas con oscuros paneles de madera, recrean tres habitaciones originales de la residencia de Burrell, *Hutton Castle*. Chimeneas, tapices y muebles de diversas épocas componen lo más interesante del Hall, el Drawing Room y el Dining Room.

La visita es muy interesante, ya que los fondos comprenden piezas egipcias (conjunto de figuras de pequeño tamaño, denominadas *oushebti,* que representan personas o deidades), cerámica griega, piezas romanas, esculturas de Mesopotamia; arte oriental (numerosas piezas procedentes de China); Oriente Próximo; arte medieval (piezas de plata, tapices, esculturas, vidrieras); pintura de los siglos XVII y XVIII (cuadros de Halls, Rembrandt, Raeburn, Gainsborough, Reynolds, Romney, G. Bellini, Lucas Cranach, Memling, Millet, Sisley, Cézanne, Degas, Manet. Para más detalle, consultar Los museos de Glasgow.

POLLOCK HOUSE: Pollock Country Park. Horario: de 10.00 a 17.00. Pollock House fue la residencia de los Maxwell, propietarios de gran parte de la zona sur de Glasgow hasta el presente siglo. El edificio, diseñado por William Adam a mediados del siglo XVIII, mira hacia un delicioso jardín de trazado regular. En el interior, a lo largo de una serie de estancias decoradas con valioso mobiliario e interesantes muestras de arte ornamental, se expone una buena colección de pintura española. La mansión alberga obras maestras de El Greco, dos de cuyos retratos se pueden contemplar en la biblioteca; Alonso Cano, autor de *Adán y Eva*; Murillo, representado por una *Virgen con Niño y San Juan*; o Goya, del que se exhiben grabados de la serie *Los Disparates*. Lienzos de otros pintores de renombre internacional, como Sebastiano del Piombo, Jacob Jordaens, Mengs, Hogarth, Nassmyth o Blake completan los fondos artísticos de Pollock House.

HOLMWOOD HOUSE: 61 Netherlee Road. Cathcart. Horario: abril-octubre, de 13.00 a 17.00. Esta bella mansión señorial, diseñada por Alexander Thompson en estilo neogriego a mediados del siglo XIX, se localiza en el suburbio de Cathcart, cautro millas al sur del centro de Glasgow. Ha sido recientemente abierta al público tras largos trabajos de rehabilitación que aún continúan en su interior, ricamente decorado en madera, escayola y mármol.

SCOTLAND STREET SCHOOL MUSEUM: 225 Scotland Street. Horario: lunes a jueves y sábado, de 10.00 a 17.00; viernes y domingo, desde las 11.00. Entrada libre. Antes de finalizar el recorrido por el área meridional de Glasgow, cabe realizar una última referencia a este edificio de Mackintosh, a unos dos kilómetros al noreste de la Burrel Collection. Se trata de otro atractivo proyecto del arquitecto local: un edificio, cuyos cónicos remates, característicos del estilo baronial escocés, evidencia el caprichoso empleo de la tradición arquitectónica nacional. Fue realizado en 1904 y se utilizó como colegio hasta 1979 y en la actualidad acoge un museo consagrado a la educación. En su interior se han reconstruido aulas de distintos periodos históricos y diversas dependencias escolares, como un primitivo laboratorio o la oficina del director.

ALOJAMIENTO

ALOJAMIENTO EN HABITACIÓN DOBLE	
Ⓑ Barato	hasta 100 €
Ⓜ Medio	de 100 a 150 €
Ⓒ Caro	de 150 a 250 €
Ⓛ Lujo	más de 250 €

ALBERGUES

EDINBURGH CENTRAL SHYA HOSTEL: 9 Haddington Place. ☎ 0870 155 32 55. www.edinburghcentral.org; Moderno y bien equipado albergue situado no lejos de la estación de Waverley. Habitaciones individuales, dobles y hasta con ocho camas.

EDINBURGH METRO: Robertson Close. Cowgate. ☎ 0870 155 32 55. Situado junto a la Royal Mile, todas sus habitaciones son individuales. Abierto solo en verano.

BUDGET BACKPACKERS HOSTEL: 37-39 Cowgate. www.budgetbackpackers.com; En pleno centro de la vieja ciudad. Nuevo y bien equipado. Habitaciones individuales y dobles.

EDINBURGH BACKPACKERS HOSTEL: 65 Cockburn Street. www.hoppo.com; ☎ 0131 220 17 17. Céntrico y sencillo, con prestaciones elementales y habitaciones dobles y comunales.

SYHA EDINBURGH BRUNTSFIELD: 7 Bruntsfield Crescent. ☎ 0870 004 11 14. Albergue con unas 150 plazas situado a una milla al sur de Princess Street. Habitaciones comunales.

HOTELES Y GUEST HOUSES

Encontraréis un buen número de hoteles y casas de huéspedes en todas las salidas de la ciudad. Son especialmente numerosos en Newington, al sur del centro (siguiendo North Bridge y Nicolson Street); en Pilrig Street, al noreste de New Town (al oeste de Leith Walk); y en Bruntsfield, al suroeste de Princes Street (siguiendo Lothian Road).

Ⓑ **GERALD'S PLACE:** 21b Abercromby Pl. ☎ 558 7017; www.geraldsplace.com; Situado a unos cinco minutos a pie desde la estación de autobús de St Andrews Square. Habitaciones muy cuidadas y un agradable jardín.

Ⓑ **IBIS EDINBURGH:** 6 Hunter Square. ☎ 0131 240 70 00. www.ibishotel.com. Establecimiento de la cadena Ibis, con las caracteristicas habituales de la cadena. Habitaciones pequeñas, con decoración moderna... Si vais dos personas y queréis un hotel relativamente barato en pleno centro de la ciudad esta es una buena opción.

Ⓑ **CARAVEL GUEST HOUSE:** 30 London Street. ☎ 0131 556 44 44 y 0131 556 72 93. www.caravelhouse.com. Emplazado en New Town, cerca del centro, dispone de restaurante. Habitaciones pequeñas pero suficientemente confortables, algunas con baño.

Ⓑ **IVY GUEST HOUSE:** 7 Mayfield Gardens. ☎ 0131 667 34 11. www.vyguesthouse.com. Casa victoriana situada no lejos del centro. Habitaciones correctas. Aparcamiento.

Ⓑ **A-HAVEN TOWNHOUSE:** 180 Ferry Road. ☎ 0131 554 6559 www.a-haven.co.uk. Establecimiento familiar situado en Leith, al que se llega desde el centro con los autobuses 11, 14 y 21. Habitaciones con baño y recomendable desayuno. Buena base para conocer la ciudad.

Ⓑ **MENZIES GUEST HOUSE:** 33 Leamington Terrace. ☎ 0131 229 46 29. www.menzies-guesthouse.co.uk. Ocupa una bonita casa victoriana en Bruntsfield, alrededor de una milla al sur de Princes Street. Habitaciones agradables y razonablemente bien equipadas.

Ⓑ **SHERWOOD GUEST HOUSE:** 42 Minto Street. ☎ 0131 667 12 00. www.sherwood-edinburgh.com. Situada al sur del centro de la ciudad, esta agradable y bien acondicionada casa de huéspedes ofrece habitaciones decoradas con gusto y un buen desayuno escocés. Recomendable en su categoría.

Ⓑ **TURRET GUEST HOUSE:** 8 Kilmaurs Terrace. ☎ 0131 667 67 04. Casa victoriana restaurada, emplazada en una zona residencial, bien comunicada con el centro de la ciudad. Habitaciones cómodas con baño y buen desayuno .

Ⓜ **TAILORS HALL:** 139 Cowgate. ☎ 0131 622 68 01. www.tailorshallhoteledinburgh.co.uk. Ocupa un edificio del siglo XVII en Cowgate, una de las zonas más animadas de la ciudad. Ese es, precisamente, uno de sus principales inconvenientes, ya que los ruidos nocturnos, especialmente en verano, resultan molestos. Por lo demás ofrece una buena relación precio/calidad, con habitaciones confortable de estilo moderno.

Ⓜ **INVERLEITH HOTEL:** 5 Inverleith Terrace. ☎ 0131 556 27 45. www.inverleithhotel.co.uk. Situado junto al jardín botánico, en una tadicional casa victoriana. Ofrece una excelente relación precio/calidad, con habitaciones confortables y bien decoradas.

Ⓜ **EDINBURGH CITY HOTEL:** 79 Lauriston Place. ☎ 0131 6227 979 www.edinburghcityhotel.com. Un hotel muy agradable y bien situado a diez minutos caminando de Princes Street. Cuenta con 52 habitaciones muy bien equipadas.

Ⓜ **ELLESMERE HOUSE:** 11 Glengyle Terrace. ☎ 0131 229 1472 - 07872 617 327 www.ellesmere-house.com. Situado al suroeste del centro, en Tollcross, cerca del King's Theatre. Habitaciones modernas y confortables de inequívoco aire británico.

SOUTH SIDE GUEST HOUSE: 8 Newington Road. ☎ 0131 668 44 22. www.southsideguesthouse.co.uk. Bonita guest house con decoración alegre y moderna, y un buen desayuno. Situada al sur del centro, en una zona bien comunicada en la que abundan los establecimientos hoteleros.

FREDERICK HOUSE HOTEL: 42 Frederick Street. ☎ 0131 624 70 64. www.frederickhousehotel.com. Ofrece una aceptable relación calidad/precio, dada su buena ubicación para conocer la ciudad, en plena New Town. Habitaciones decoradas en estilo tradicional británico. Aparcamiento.

SALISBURY: 43-45 Salisbury Road, ☎ 1031 667 1264; www.the-salisbury.co.uk. Bien situado en Newington, ofrece habitaciones elegantes y bien equipadas. Desayuno recommendable y trato muy agradable.

APEX INTERNATIONAL HOTEL: 31-35 Grassmarket. ☎ 0845 365 00 00. www.apexhotels.co.uk. Hotel moderno de diseño contemporáneo, situado en Old Town, con buenas panorámicas del castillo desde las habitaciones superiores. Su clientela está formada, preferentemente, por hombres de negocios. Precios acordes con sus prestaciones. Parking gratis.

THE CARLTON HOTEL EDINBURGH: 19 North Bridge. ☎ 0131 472 30 00. www.pumahotels.co.uk/hotels/carlton-hotel-edinburgh. Elegante hotel situado en la parte antigua de la ciudad, que ha sido recientemente remodelado y es hoy una de las alternativas más recomendables de Edimburgo. Habitaciones amplias y confortables, con buenas vistas de la ciudad.

MALMAISON EDIMBOURGH: 1 Tower Place. Leith. ☎ 0131 468 50 00. www.malmaison.com. Hotel con encanto, situado junto al muelle de Leith. Habitaciones de aire contemporáneo con decoración individualizada y detalles de buen gusto. Su bistro es de los más célebres del animado barrio portuario de Leith.

THE BONHAM: 35 Drumsheugh Gardens. ☎ 0131 274 7400 www.townhousecompany.com/thebonham. Es un elegante hotel-boutique situado en una tranquila calle con forma de media luna, a pocos minutos del West End de Edimburgo. Ocupa un edificio victoriano que conserva muchas de sus características originales, y que combina con una decoración moderna con colores sobrios, muebles contemporáneos y arte moderno. Cada una de las 48 habitaciones están decoradas de manera diferente y ofrecen televisión interactiva e internet. Restaurante muy recomendable y una sala de actos para reuniones y cenas privadas.

PARLIAMENT HOUSE HOTEL: 15 Calton Hill. ☎ 0131 478 40 00. www.parliamenthouse-hotel.co.uk. Junto a Calton Hill, cerca de Princes Street, este hotel, que ocupa un tradicional edificio georgiano, abrió sus puertas en 1996. Recomendable por su buena situación y su decoración cuidada.

POINT HOTEL EDINBOURGH: 34 Bread Street. ☎ 0131 221 55 55. www.pointhoteledinburgh.co.uk. Ubicado en el corazón de la vieja ciudad de Edimburgo, ocupa el emplazamiento de un antiguo centro comercial. Detalles minimalistas que le confieren un aire de modernidad y buenas vistas del castillo.

RICK'S: 55a Frederick Street. ☎ 0131 622 78 00. www.ricksedinburgh.co.uk. Habitaciones decoradas con estilo en una vivienda característica del área residencial de New Town. Detalles de buen gusto y precios razonables. El restaurante es una referencia ineludible en la ciudad.

GEORGE HOTEL: 19-21 George Street. ☎ 0131 225 12 51. www.thegeorgehoteledinburgh.co.uk. Ocupa un edificio dieciochesco diseñado por Robert Adam, en pleno centro de New Town. Dispone de 195 habitaciones, con todo lujo de detalles. Se trata de otro de los grandes establecimientos clásicos de la ciudad.

GLASSHOUSE: 2 Greenside Place. ☎ 0131 525 82 00. www.theetoncollection.com. Situado a los pies de Carlton Hill, este moderno hotel de diseño incorpora la fachada de una iglesia del siglo XIX. Las habitaciones son acogedoras y se distinguen por su luminosidad, con grandes ventanales que permiten disfrutar del jardín superior y brindan buenas vistas de la ciudad.

THE BALMORAL: 1 Princes Street. ☎ 0131 556 24 14. www.thebalmoralhotel.com. Situado junto a Waverley Station, en la zona oriental de Princes Street. Habitaciones con todo tipo de detalles, como corresponde a su categoría, y con buenas vistas de la ciudad. Recomendable restaurante, Number One, y una más asequible *brasserie*. Además, piscina climatizada, gimnasio, sauna… Su reloj, dos minutos adelantado, es una referencia obligada para los viajeros que se disponen a tomar el tren.

THE CALEDONIAN: Princes Street. ☎ 0131 222 88 88 / 0131 459 99 88. www.thecaledonianedinburgh.com. Un clásico de la ciudad, situado en el extremo oeste de Princes Street y conocido afectivamente como The Cally. Tras ser adquirido por el grupo Hilton, ha sido remodelado para adecuar sus instalaciones a su prestigio, aunque ha conservado todo su sabor tradicional.

CHANNINGS: South Learmonth Gardens. ☎ 0131 315 22 26. www.channings.co.uk. Integrado por cinco viviendas tradicionales eduardianas, al oeste de New Town, cerca del Dean Bridge. Constituye uno de los más atractivos alojamientos urbanos. Decoración exquisita y excelentes vistas de la ciudad desde las habitaciones superiores.

THE HOWARD: 34 Great King Street. ☎ 0131 557 35 00. reserve@thehoward.com; www.thehoward.com. Emplazado en el corazón de New Town, en una maravillosa residencia de época georgiana. A pesar de su discreción exterior, sus instalaciones rezuman el lujo y la suntuosidad de los grandes establecimientos hoteleros. Únicamente dispone de quince habitaciones, decoradas con elegancia y perfectamente equipadas.

PRESTONFIELD HOUSE: Priestfield Road. ☎ 0131 225 78 00. www.prestonfield.com Situado tres kilómetros al sur de la ciudad, a la sombra de Arthur's Seat, y rodeado de un extenso parque, constituye una buena alternativa a los hoteles más céntricos. Ocupa una mansión del siglo XVII, que permite disfrutar de la tranquilidad campestre a dos pasos de la ciudad, sin renunciar al lujo y el buen gusto.

SCOTSMAN HOTEL: 20 North Bridge. ☎ 0131 555 55 65. www.thescotsmanhotel.co.uk. Hotel céntrico que combina el esplendor de época eduardiana y el diseño contemporáneo. Ocupa las antiguas dependencias del periódico *Scotman* y sus habitaciones, con decoración individualizada, ofrecen excelentes vistas sobre la ciudad vieja, New Town y Carlton Hill. Muy recomendables resultan el spa y el restaurante Vermilion.

HOTEL MISSONI: 1 George IV Bridge. ☎ 0131 220 6666. www.hotelmissoni.com. Un hotel de diseño italiano de los diseñadores de moda Missoni, elegante, moderno y muy cuidado. Bar y restaurante italiano. Una opción muy recomendable para los que se la puedan permitir.

RESTAURANTES

RESTAURANTES COMIDA MEDIA A LA CARTA	
Ⓑ Barato	hasta 30 €
Ⓜ Medio	de 30 a 60 €
Ⓒ Caro	de 60 a 100 €
Ⓛ Lujo	más de 100 €

Ⓑ **ELEPHANT HOUSE:** George IV Bridge. ☎ 0131 220 53 55. Uno de los cafés más populares de Old Town, con buenas ensaladas, pizzas, sandwiches y otros platos ligeros.

Ⓑ **FRUITMARKET GALLERY:** 45 Market Street. ☎ 0131 226 18 43. El café de esta moderna galería de arte resulta francamente recomendable, aunque no se puede esperar mucho más que sopas, ensaladas y otros platos ligeros a mediodía.

Ⓑ **HENDERSON'S SALAD TABLE:** 94 Hanover Street. ☎ 0131 225 21 31. www.hendersonsofedinburgh.co.uk. A dos minutos de Princes St. Restaurante autoservicio de ambiente informal con actuaciones musicales en directo. Cocina sencilla a base de ensaladas, quiches, puddings. Un local clasico con otro local el Henderson's Bistro (25 Thistle Street. ☎ 0131 225 26 05).

Ⓑ **HOWIE'S:** 208 Bruntsfield Place. ☎ 0131 221 17 77 Popular cadena de restaurantes que basa su propuesta, y su aceptación, en una carta ecléctica, en la que se funden influencias de diversa procedencia. [Otras direcciones: 10-14 Victoria Street (☎ 0131 225 17 21); Alva Street (☎ 0131 225 55 53); Waterloo Place (☎ 0131 556 57 66)].

Ⓑ **MUMS:** 4a Forrest Rd. ☎ 0131 260 9806. Comida casera británica basada en una exigente selección de los productos, ofrece platos tradicionales como: *bangers and mash, shepherd's pie, o fish and chips*.

Ⓑ **TAPAS TREE:** 1 Forth Street. ☎ 0131 556 71 18. No cierra ningún día. Cocina mediterránea y española, en la que destacan especialmente las tapas y raciones, siempre dentro de la mejor tradición española. Música flamenca. Bastante aceptable.

Ⓑ **SURUCHI:** 14a Nicolson Street. ☎ 0131 556 6583 Cocina que intenta explorar nuevos sabores dentro de la tradición india.

Ⓑ **CAFE HUB:** Castlehill (Royal Mile). ☎ 0131 473 20 67. Dos amplias salas creadas dentro de lo que fuera local de reunión de la Church of Scotland, en el Edinburgh Festival Centre. Decoración moderna de inspiración minimalista y cocina sencilla e informal que se hace eco de todo tipo de tendencias y resulta más elaborada por las tardes.

Ⓑ **INDIGO YARD:** 7 Charlotte Lane. ☎ 0131 220 56 03.

No cierra ningún día. Bar restaurante de estilo americano, decorado de forma sencilla y natural que se sigue manteniendo entre los más concurridos de la noche. Platos sencillos muy bien presentados a precios ajustados.

Ⓑ **VALVONA & CROLLA CAFFE BAR:** 19 Elm Row, Leith Walk. ☎ 0131 556 6066. Uno de los mejores "delis" de la ciudad, tienda bar y restaurante, especialidades italianas de calidad y un menú que cambia cada día. No está abierto para la cena.

Ⓜ **ANN PURNA:** 662 St. Patrick Square. ☎ 0131 662 18 07. Cierra domingo. Especialidades del oeste y sur de la India bien resueltas. Frecuentado por estudiantes y profesores, con ambiente familiar y buen servicio. Buena relación precio/calidad.

Ⓜ **A ROOM IN THE TOWN:** 18 Howe Street. ☎ 0131 225 82 04. Marco informal y alegre, y cocina innovadora de tendencia escocesa.

Ⓜ **BELL'S DINNER:** 7 Stephen Street. ☎ 0131 225 81 16. No cierra ningún día. Cocina tradicional estadounidense, con hamburguesas de calidad. Servicio atento.

Ⓜ **BRITANIA SPICE:** 150. Commercial Street. ☎ 0131 555 22 55. Restaurante muy popular situado en Leith, que ofrece una buena selección de platos orientales (indios, nepalíes y tailandeses) a precios razonables.

Ⓜ **CAFÉ MARLAYNE:** 76 Thistle Street. ☎ 0131 226 22 30. Agradable establecimiento que permite disfrutar de una aceptable cocina tradicional francesa a precios razonables. [Encontraréis otro café con el mismo nombre y características en 13 Antigua Street ☎ 0131 558 8244]

Ⓜ **CAFÉ ROYAL OYSTER BAR:** 19 West Register Street, 17a. ☎ 0131 556 1884. Establecimiento clásico con decoración victoriana, que fue centro de las tertulias literarias de la ciudad a principios de siglo. Pescados y mariscos de calidad.

Ⓜ **THE KITCHIN:** 88 Commercial Street. ☎ 0131 555 1755 Restaurante situado en Leith, con comedor acristalado y especialidades de la gastronomía británica bien elaborada y puesta al día, todo con una clara influencia francesa. Se apoya en la calidad de las materias primas y en los productos naturales. Bodega muy cuidada. Cuenta con un menú vegetariano.

Ⓜ **DUBH PRAIS:** 123b High Street. ☎ 0131 557 57 32. Cierra domingo y lunes. Restaurante situado en plena Royal Mile, en el que se puede degustar cocina escocesa tradicional de calidad, con elaboraciones sencillas y excelentes materias primas.

Ⓜ **KALPNA:** 2-3 Patrick Square. ☎ 667 98 90. Otro de los favoritos entre los resturantes indios de la ciudad, convertido ya en un clásico para los amantes de la cocina vegetariana. Recomendable realación precio/calidad.

Ⓜ **CHAOPHRAYA:** 33 Castle Street. ☎ 0131 226 76 14.

Restaurante de moda con elegante comedor y terraza que permite disfrutar de buenas vistas de Edimburgo. Cocina Thai que parte de productos de calidad y aúna diversos elementos asiáticos.

21212: 3 Royal Terrace, Area Calton Hill & Broughton. ☎ 0845 222 1212. Cocina contemporánea de calidad. El nombre del restaurante alude a la estructura del menú del restaurante: dos entrantes, un plato intermedio, dos platos principales otro plato intermedio y para acabar dan a entre dos postres. Bodega muy completa y decoración muy cuidada.

BONHAM: 35 Drumsheugh Gardens. ☎ 0131 623 93 19. Cierra unos días a principio de enero. Restaurante del hotel Bonham, ubicado en un edificio victoriano que contrasta con la decoración moderna. Cocina tradicional actualizada por el chef, Maciej Szymik. Precios interesantes a mediodía.

NORTH BRIDGE BRASSERIE: 20 North Bridge ☎ 0131 622 2900. Es el restaurante del Hotel Scotsman. Decoración moderna y cocina contemporánea de aire internacional muy cuidada. Conviene reservar. Buena carta de vinos.

CHANNINGS: 12-16 South Learmonth Gardens. ☎ 0131 315 22 25. Restaurante de hotel con moderna decoración, suelos de madera, amplios ventanales y mobiliario de diseño, donde se propone una carta creativa que parte de la tradición franco-escocesa aunque se aprecien influencias de distintas cocinas.

THE SHIP ON THE SHORE: 24-26 Shore, Leith. ☎ 0131-555 0409, theshipontheshore.co.uk. Resturante situado en Leith al que merece la pena ir a probra sus platos de pescado y marisco, almejas, ostras, mejillones...etc. Bodega muy completa de champagnes.

FISHERS: 1 The Shore. ☎ 0131 554 56 66. Uno de los locales más clásicos de Leith. Productos del mar bien elaborados y muy atractiva carta de quesos. Servicio impecable. Recientemente ha inaugurado un local en el centro de Edimburgo: **Fishers in the City** (58 Thistle Street. ☎ 0131 225 51 09).

THE GRAIN STORE: 30 Victoria Street. ☎ 0131 225 76 35. Marco acogedor, con paredes de piedra vista. Cocina de franco-esocesa de temporada, basada en los productos de mercado. Servicio muy atento.

IGG'S: 15 Jeffrey Street. ☎ 0131 557 81 84. Cierra domingo. Ignacio Campos es toda una institución en el ámbito de la restauración de Edimburgo. A mediodía se puede degustar un buen menú de dos platos a precios muy interesantes. Por la noche, cenas más formales, basadas en productos de temporada y platos de inspiración española. Carta con más de cuarenta vinos españoles.

A ROOM IN LEITH: 1a Dock Place. ☎ 0131 554 74 27. Situado en el puerto de Leith que dispone de un atractivo comedor acristalado, donde se pueden degustar especialidades marineras a precios razonables Es un restaurante de ambiente informal, pionero en el desarrollo hostelero de Leith que lleva más de 25 años en la brecha y ofrece de los mejores pescados y mariscos de la ciudad.

STAC POLLY: 29-33 Dublin Street. ☎ 0131 556 22 31. Decoración tradicional (paredes de piedra y madera) y cocina escocesa con innovaciones. Servicio atento y eficiente. Carta de vinos reducida pero bien seleccionada.

THE VINTNER'S ROOM: 87 Giles Street, The Vaults. ☎ 0131 554 67 67. Cierra domingo. Situado en Leith, oferta una cocina franco-escocesa de calidad, con recetas reelaboradas y mezcla de sabores de diversa procedencia. Excelente selección de quesos y buena carta de vinos. Dispone también de un bar, atractivamente decorado, en el que se puede comer algo más informalmente.

WEDGWOOD: 267 Canongate. ☎ 0131 558 8737, wedgwoodtherestaurant.co.uk. Restaurante elegante y contemporáneo con una cocina muy cuidada, basada en los buenos productos escoceses tratados de una forma muy actual. Bodega muy completa.

TIMBERYARD: 10 Cambridge Street. ☎ 0131 228 88 82. Cierra domingo. Uno de los mejores restaurantes de la ciudad, con original decoración de aire contemporáneo e industrial. El establecimiento, ofrece platos cuidadosamente elaborados que resaltan los sabores naturales de productos escoceses de altísima calidad. Buena bodega.

TOWER RESTAURANT: Museum of Scotland. Chambers Street. ☎ 0131 225 30 03. Cabe destacar las vistas del castillo y de los tejados del viejo Edimburgo que se tienen desde el comedor y la terraza. Cocina simple pero con materias primas de calidad y bien elaborada. Lista de vinos muy completa y bien compensada.

POMPADOUR: Caledonian Hotel. Princes Street. ☎ 0131 222 88 88. Un clásico que ha sido reformado recientemente y que sigue manteniendo una sugerente cocina elaborada de tradición francesa. Cenas amenizadas por música de piano. Buenos vinos de Francia y de Oceanía.

CASTLE TERRACE: 33 / 35 Castle Terrace, ☎ 0131 229 1222, Resturante sólido y elegante con una cocina que ofrece platos escoceses puestos al día con una clara influencia francesa. Cuidada elaboración técnica. Servicio muy amable y ambiente acogedor. Es recomendable reservar. Buena propuesta de vinos.

MARTIN WISHART: 54 The Shore. ☎ 0131 553 35 57. Situado en Leith, el restaurante de Martin Wishart sirve de referencia gastronómica del moderno Edimburgo. Cocina de autor, elaborada con productos escoceses de calidad. La bodega y el servicio no desentonan. Conviene reservar con antelación.

NUMBER ONE: Balmoral Hotel. 1 Princes Street. ☎ 0131 556 67 27. No cierra ningún día. Sin duda alguna es uno de los restaurantes más elegantes de Edimburgo. Cocina moderna, sofisticada, basada en ingredientes de primera calidad. Servicio atento y buena bodega.

WITCHERY & SECRET GARDEN: 352 Castlehill. ☎ 0131 225 56 13. Sólo cierra los días de Navidad y Boxing Day. Situado en la Royal Mile, cerca del castillo. Marco elegante y decadente de aire romántico para una cocina sofisticada, aunque sin demasiada chispa. Excelente carta de vinos y servicio impecable.

DIVERSIÓN Y COPAS

Dentro de New Town, la principal zona de pubs se ha localizado tradicionalmente en torno a **Rose Street** y su continuación hacia el este, West Register Street. No obstante, en los últimos tiempos, ha decaído considerablemente. **Broughton Street**, también en la ciudad nueva, es hoy en día una alternativa recomendable. En torno a **Grassmarket**, en Old Town, se concentra la mayoría de pubs frecuentados por estudiantes; este área se extiende hacia el sur, hasta los alrededores de la universidad. Muy cerca, en torno a Cowgate, encontraréis un buen número de clubs.

El barrio portuario de **Leith** acoge, además de numerosos bistros y restaurantes de moda, un gran número de pubs y winebars: normalmente, se trata de locales bien decorados y con buena selección de bebidas, donde se da cita un público más sofisticado. No obstante, existen también establecimientos más populares. Existe el *Edinburgh Literary Pub Tour*, un recorrido por los locales que sirvieron de inspiración a muchas de las grandes figuras literarias de Escocia, disponible durante todo el año y sólo por la noche. Más información: The Scottish Literary Tour Trust. (5 Wellington Place, Edimburgo). www.edinburghliterarypubtour.co.uk.

EN NEW TOWN Y ALEDAÑOS

ABBOTSFORD: Rose St, 3. Situado en la antaño animada Rose Street, fue, hasta hace poco tiempo, uno de los pubs de moda de la ciudad y más o menos se sigue manteniendo en su estilo. Elegante decoración victoriana y comida muy recomendable.

THE BASEMENT: 10a Broughton Street. ☎ 0131 557 00 97. Uno de los más populares de Edimburgo. Durante el fin de semana sirve un menú mexicano muy asequible, los miércoles cocina tailandesa. Música muy variada: funk, pop, house.

BERT'S BAR: 2-4 Raeburn Place. Ambiente animado y predominantemente joven. Pantalla gigante que atrae a numerosos seguidores en los grandes eventos deportivos.

CAFÉ ROYAL: 19 West Register Street. Decoración elegante de época victoriana, fue centro de las tertulias literarias de comienzos del siglo XX. Frecuentado por eje-

cutivos en días laborables y estudiantes durante el fin de semana. Buena selección de whiskies de malta.

CUMBERLAND BAR: 1 Cumberland Street. Pub tradicional con reputación entre los puristas por su variedad de *real ales*. Jardín para el verano. Sin música.

THE DOME: 14 George Street. ☎ 0131 624 86 24. Amplio local, antigua sede de un banco suntuosamente redecorada. Clientela de profesionales y *gente bien*. Aceptable comida.

GUILFORD ARMS: 1 West Register Street. Pub tradicional del siglo XVIII con decoración típicamente victoriana (techos altos, maderas, molduras doradas, cristales grabados) y buena cerveza.

INDIGO YARD: 7 Charlotte Lane. ☎ 0131 220 56 03. Café bar de diseño, con buena comida y amplia selección de bebidas.

KAY'S BAR: 39 Jamaica Street. De ambiente serio, con buena cerveza. Agradable chimenea en invierno y gran selección de maltas.

MATHERS: 25 Broughton Street. Pub tradicional en una zona de compras que atrae a un público variopinto. Buena selección de cervezas.

THE VENUE: 15 Calton Road. Popular club con actuaciones en directo. Uno de los locales principales del circuito musical de Edimburgo.

EN OLD TOWN Y LA ZONA UNIVERSITARIA

BANNERMANS: 212 Cowgate. Antigua bodega con buena cerveza que atrae a una numerosa y heterogénea clientela. Música en directo.

BAR KOHL: 54 George IV Bridge. Especializado en vodkas, con más de doscientos tipos procedentes de distintos países.

BENNETS: 8 Leven Street. Tollcross. Atractiva decoración, con vidrieras de estilo Art Nouveau. Frecuentado por aficionados del vecino King's Theatre. Ambiente animado, aunque sin música, y excelente selección de whiskies.

BOW BAR: 80 West Bow. Agradable local tradicional que da cabida a una de las mejores selecciones de whiskies de malta de la ciudad (se puede elegir entre más de 100).

ECCO VINO: Cockburn St, 19. www.eccovinoedinburgh.com. su carta está realmente especializada en vinos de primera calidad.

JOLLY JUDGE: 7a James Court. Acogedor pub situado en uno de los patios de la Royal Mile, en las inmediaciones del castillo. Su chimenea resulta especialmente atractiva en invierno.

NEGOCIANTS: 45-47 Lothian Street. ☎ 0131 225 63 13. Local de moda con clientela mayoritariamente estudiantil. Dos ambientes separados: el piso superior, más tranquilo; la planta baja, abarrotada por un público ávido de cerveza. Ocasionales actuaciones en directo.

ROYAL OAK: 1 Infirmary Street. Situado en el barrio universitario, es conocido en Edimburgo por sus sesiones de música folk. Buena selección de whiskies de malta.

THE MALT SHOVEL: 11-15 Cockburn Street. ☎ 0131 225 68 43. Un pub enorme, clásico y muy popular, que destaca por su gran variedad de whiskies y cervezas. Al lado hay otro más pequeño con una decoración muy curiosa, y de lo más macabra.

THE THREE SISTERS: 139 Cowgate. ☎ 0131 622 68 00. Un pub de moda que alterna estilos y formas: Irish bar, Gothic bar o American Bar. Muy concurrido especialmente los fines de semana.

THE TRAVERSE THEATRE BAR: 10 Cambridge Street. Local de diseño emplazado en los bajos del teatro homónimo. Exposiciones de arte y público heterogéneo. Especialmente animado durante el Festival.

HANOVER STREET 99: Hanover Street 99, New Town). ☎ 0131 225 8200 www.royal-oak-folk.com, da nombre a un bar con una recargada decoración rococó que ofrece sesiones de cine mudo y música en directo.

ZONA DE LEITH

KINGS WARK: 36 The Shore. Pub del siglo XVIII. Clientela predominantemente madura, que acude a disfrutar de su buena comida.

PORT O'LEITH: 58 Constitution Street. Pequeño y recomendable local tradicional de sabor marinero.

SHORE: 3-4 The Shore. Pub de aire tradicional que destaca, sobre todo, por su buena cocina. También cuenta con una buena selección de cervezas y regularmente acoge actuaciones en directo.

OTRAS ZONAS

SHEEP HEID: 43 The Causeway. Duddingston. Antigua parada de postas situada en uno de los barrios periféricos de Edimburgo. Su origen se remonta al siglo XVIII. Buena comida de pub y popular jardín en verano.

COMPRAS

Princes Street es el principal centro comercial de la ciudad. En toda esta zona abundan los grandes almacenes, como Marks & Spencer y Boots. El más interesante de este tipo de establecimientos es Jenners. En el extremo oriental de la calle se encontrará el Waverley Market, un área comercial con tiendas especializadas. Muy cerca, en Leith Street, se localiza el St. James Centre. También en New Town, en torno a **Rose Street y George Street,** hay buenas joyerías y tiendas de ropa y música. Al final de esta última, en St. Andrew Square, ha abierto sus puertas un establecimiento de Harvey Nichols, gran almacén de calidad.

SOUVENIRS

En torno a Royal Mile existen numerosas tiendas de recuerdos, junto a algunos establecimientos que ofertan objetos escoceses de calidad, generalmente dedicados al numeroso turismo que frecuenta esta parte de la capital. Por toda esta zona abundan los comercios especializados en productos gastronómicos locales: whisky, salmón y otros ahumados, Dundee Cake, haggis o queso.

ANTIGÜEDADES

En los alrededores de Grassmarket proliferan las tiendas de antigüedades y artesanía, así como librerías de viejo -especialmente entre South Bridge y George IV Bridge-. Antigüedades se pueden adquirir también en St Stephen Street, en Stockbridge.

BYZANTIUM: 9 Victoria Street. ☎ 0131 220 22 41.

BACCHUS: 95 West Bow. ☎ 0131 225 61 83.

UNICORN: 65 Dundas Street. ☎ 0131 556 71 76.

ARTÍCULOS DE LANA

BILL BABER KNITWEAR: 66 Grassmarket. ☎ 0131 0131 225 32 49.

RAGAMUFFIN: 276 Canongate. ☎ 0131 0131 225 32 49.

BELINDA ROBERTSON CASHMERE: 13a Dundas Street. ☎ 0131 557 81 18.

THE CASHMERE STORE: 2 St Gilles Street. ☎ 0131 226 15 77.

CENTROS COMERCIALES

CAMERON TOLL: Lady Road. ☎ 0131 666 27 77. Alberga unas 50 tiendas.

GYLE SHOPPING CENTRE: Gyle Avenue. ☎ 0131 539 88 28. Con Mark & Spencer y otras tiendas bien conocidas.

OCEAN TERMINAL: Ocean Drive. Leith. ☎ 0131 555 88 88. El más reciente y el más grande de los centros comerciales de la ciudad.

PRINCESS MALL: Princes Street. ☎ 0131 Junto a la estación de Waverly.

ST JAMES CENTRE: Princes Street East. ☎ 0131 557 00 50.

GAITAS

BAGPIPE CENTRE: 49 Blacfriars Street. ☎ 0131 557 30 90.

GARVIE BAGPIPES: 152 Albert Street. ☎ 0131 467 75 35.

PRODUCTOS GASTRONÓMICOS

MACSWEEN: Dryden Road. Loanhead. ☎ 0131 440 25 55. Haggis.

ROYAL MILE WHISKIES: 379381 High Street. ☎ 0131 225 33 83. Whisky.

WILLIAM CADENHEADS: 172 Canongate. ☎ 0131 556 58 64. Whisky.

VALVONA & CROLLA: 19 Elms Road. ☎ 0131 556 60 66. Delicatessen.

FUDGE HOUSE: 197 Canongate. ☎ 0131 556 41 72. Fudges (dulce elaborado con azúcar, leche y mantequilla).

PLAISIR DU CHOCOLAT: 251 Canongate. ☎ 0131 556 95 24. Chocolate.

ROPA DE SEGUNDAMANO

ARMSTRONG: 83 The Grass market. ☎ 0131 220 55 57 / 64-66 Clerk Street. ☎ 0131 667 30 56.

PADDYS BARRAS: 15 Grass market. ☎ 0131 226 30 87.

TARTANES

KINLOCH ANDERSON: Commercial Street. Leith. ☎ 0131 555 13 90.

GEOFFREY TAILOR: 57-59 High Street. ☎ 0131 555 02 56.

ACTIVIDADES Y ESPECTÁCULOS

RECORRIDOS TURÍSTICOS A PIE

Encontraréis diversas empresas especializadas en la Royal Mile, algunas con recorridos muy particulares.

MERCAT TOURS: ☎ 0131 557 64 64.
EDINBURGH LITERARY PUB TOURS: ☎ 0131 226 66 65.

RECORRIDOS EN HELICÓPTERO

LOTHIAN HELICOPTERS: City Heliport. ☎ 0187 532 00 32.

FESTIVALES

FESTIVAL DE EDIMBURGO

El origen de este festival, una de las citas culturales más importantes del calendario mundial, se remonta a 1947. En un principio, estuvo dominado por la ópera; posteriormente, se fue ampliando y dio cabida a la danza, la música clásica y el teatro. Hoy, pone en escena todos los meses de agosto, durante tres semanas, más de mil espectáculos interpretados por prestigiosas compañías internacionales. Es prácticamente imposible encontrar alojamiento en esta época. En paralelo, al festival todo un conjunto de actividades alternativas que constituyen el **Fringe**. A la sombra del festival oficial, este evento, de creciente importancia, ofrece representaciones callejeras, actuaciones de mimos, teatro, música, circo y otras manifestaciones artísticas de carácter experimental. Mucho del ambiente festivo y bohemio que respira la ciudad en estas fechas se debe a su actividad. Más información en www.eif.co.uk.

EDINBURGH MILITARY TATTOO: 32 Market Street. ☎ 0870 755 51 18. De primeros a finales de agosto. Uno de los principales acontecimientos del festival. Se trata de una espectacular parada militar, acompañada de las tradicionales gaitas y tambores, que tiene lugar por las noches en la explanada del castillo. Termina con la aparición de un gaitero solitario en las almenas de la fortaleza.

EDINBURGH INTERNATIONAL FILM FESTIVAL: 88 Lothian Road. ☎ 0131 229 25 50. De mediados a finales de agosto. Proyecciones de películas y coloquios.

EDINBURGH INTERNATIONAL JAZZ & BLUES FESTIVAL: 29 Stephen Street. ☎ 0131 467 52 00. De finales de julio a mediados de agosto.

EDINBURGH INTERNATIONAL BOOK FESTIVAL: 137 Dundee Street. ☎ 0131 228 54 44. De mediados a finales de agosto. La feria da motivo a que se reúnan numerosos autores de habla inglesa, en debates y lecturas de contenido literario.

TEATROS

FESTIVAL THEATRE: 13-29 Nicolson Street. ☎ 0131 529 60 00. El principal teatro de la ciudad, que acoge un repertorio ecléctico durante todo el año.

KING'S THEATRE: 2 Leven Street. ☎ 0131 229 12 01. Programa que incluye ópera, ballet, pantominas, obras de Shakespeare, musicales y comedia.

PLAYHOUSE THEATRE: 18-22 Greenside Place. ☎ 0870 606 34 24. El más amplio teatro de Gran Bretaña: musicales populares y, ocasionalmente, conciertos de rock.

ROYAL LYCEUM THEATRE: 30 Grindlay Street. ☎ 0131 248 48 48. Amplio programa de orientación culta.

THEATRE WORKSHOP: 34 Hamilton Place. ☎ 0131 226 54 25. Espectáculos internacionales innovadores.

TRAVERSE THEATRE: 10 Cambridge Street. ☎ 0131 228 14 04. Obras de carácter contemporáneo.

SALAS DE CONCIERTOS

QUEEN'S HALL: 89 Clerk Street. ☎ 0131 668 20 19. Una iglesia de época georgiana, reconvertida en sala de conciertos. Es la sede de la Scottish Chamber Orchestra y Scottish Ensemble. También, jazz, blues y grupos de folk, así como comedias.

REID CONCERT HALL: Bristo Square. ☎ 0131 650 24 23. Propiedad de la universidad: música clásica.

ST CECILIA'S HALL: en la esquina de Cowgate y Niddry Street. ☎ 0131 650 28 05. Propiedad de la universidad: música clásica.

USHER HALL: en la esquina de Lothian Road y Grindlay Street. ☎ 0131 228 11 55. El principal centro de conciertos de la ciudad: música sinfónica y coral.

ESPECTÁCULOS DEPORTIVOS

HEART OF MIDLOTHIAN FC: Tynecastle, Georgie Road. ☎ 0870 787 18 74. Equipo de fútbol local.

HIBERNIAN FC: Easter Road. ☎ 0131 661 21 59. Segundo equipo de fútbol local.

MURRAYFIELD: West Maitland Street. ☎ 0131 346 51 00. El estadio nacional de Escocia, donde se celebran los partidos de rugby.

MURRAYFIELDS ICE RINK: 0131 313 29 77. Sede del Edinburg Capitals, equipo de hockey sobre hielo.

MEADOWBANK SPORTS CENTRE: London Road. ☎ 0131 661 53 51. El principal pabellón deportivo de la ciudad.

MUSSELBURGH RACECOURSE: Linkfield Road. Musselburgh. ☎ 0131 665 28 59. Sede de las carreras de caballos.

CAMPOS DE GOLF

BRAID HILLS: 22 Braid Hills Approach. South Edinburgh. ☎ 0131 447 66 66.

DUDDINSGTON: Duddingston Road West. Arthur Seat. ☎ 0131 661 76 88.

LOTHIANBURN: 106a Biggar Road. Hillend. South Edinburgh. ☎ 0131 445 22 88.

MUIRFIELD: Duncur Road, Muirfield. ☎ 01620 84 21 23.

MURRAYFIELD: 43 Murrayfield Road, West Edinburgh. ☎ 0131 337 34 79.

MUSSELBURGH: Balcarres Road. Musselburgh. ☎ 0131 665 54 38.

PRESTONFIELD: 6 Prestfield Road North. Prestonfield. ☎ 0131 667 85 97.

ÍNDICE

AL OESTE DE EDIMBURGO

AL SUR DE EDIMBURGO

AL ESTE DE EDIMBURGO

Alojamientos

Diversión y copas

Compras

Actividades y espectáculos

CARTOGRAFÍA

ÍNDICE DE LUGARES DE INTERÉS

S

T

V

W

NOTAS

NOTAS

NOTAS

NOTAS

NOTAS

Giles and Elena
gilesgreenslade@mac.com.
0131 669 9268
07905 101233